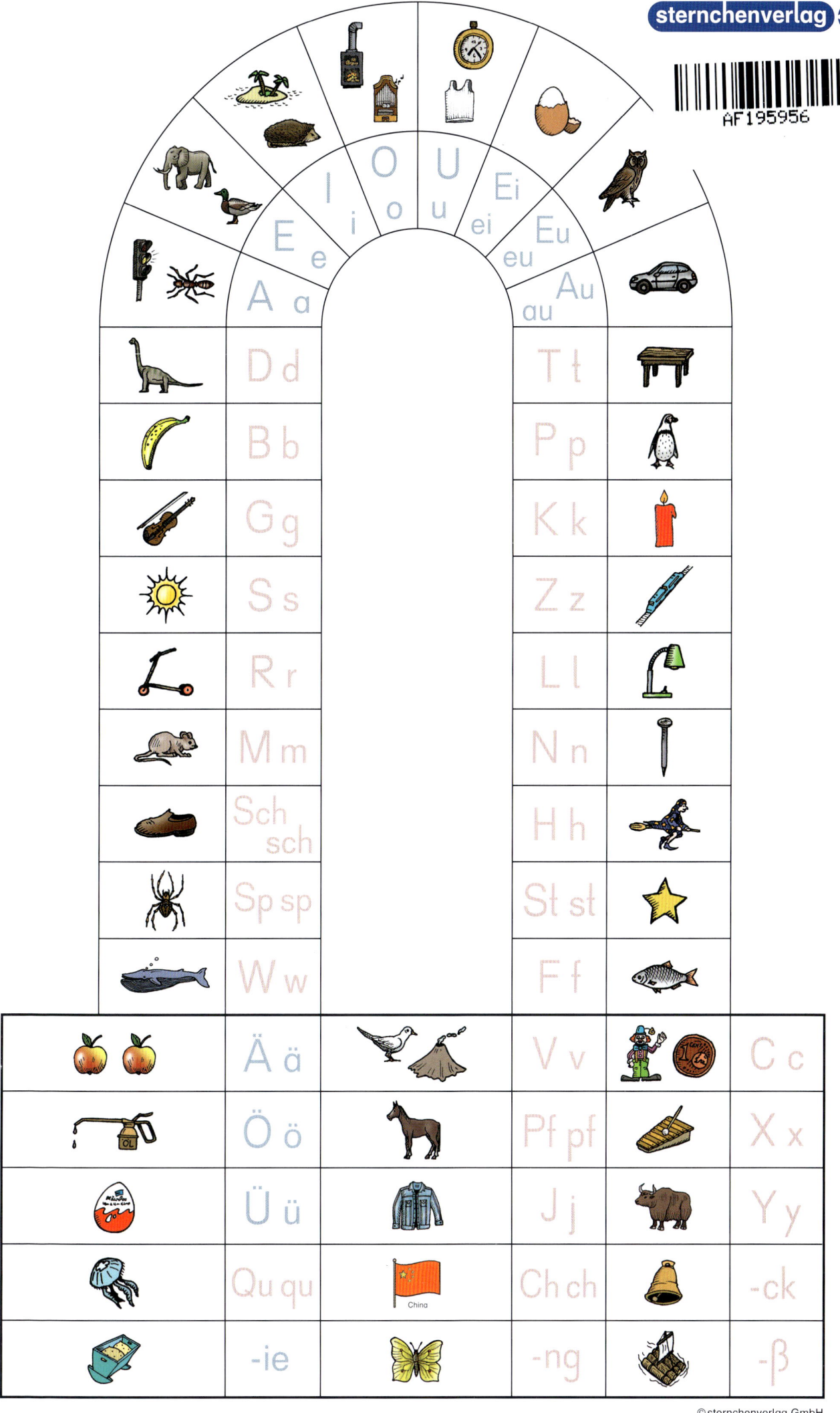

Meine Anlauttabelle

Name

Bestellungen unter: www.sternchenverlag.de

Inhalt

Male für jede Seite, die du bearbeitet hast, einen Stern aus! Viel Freude!

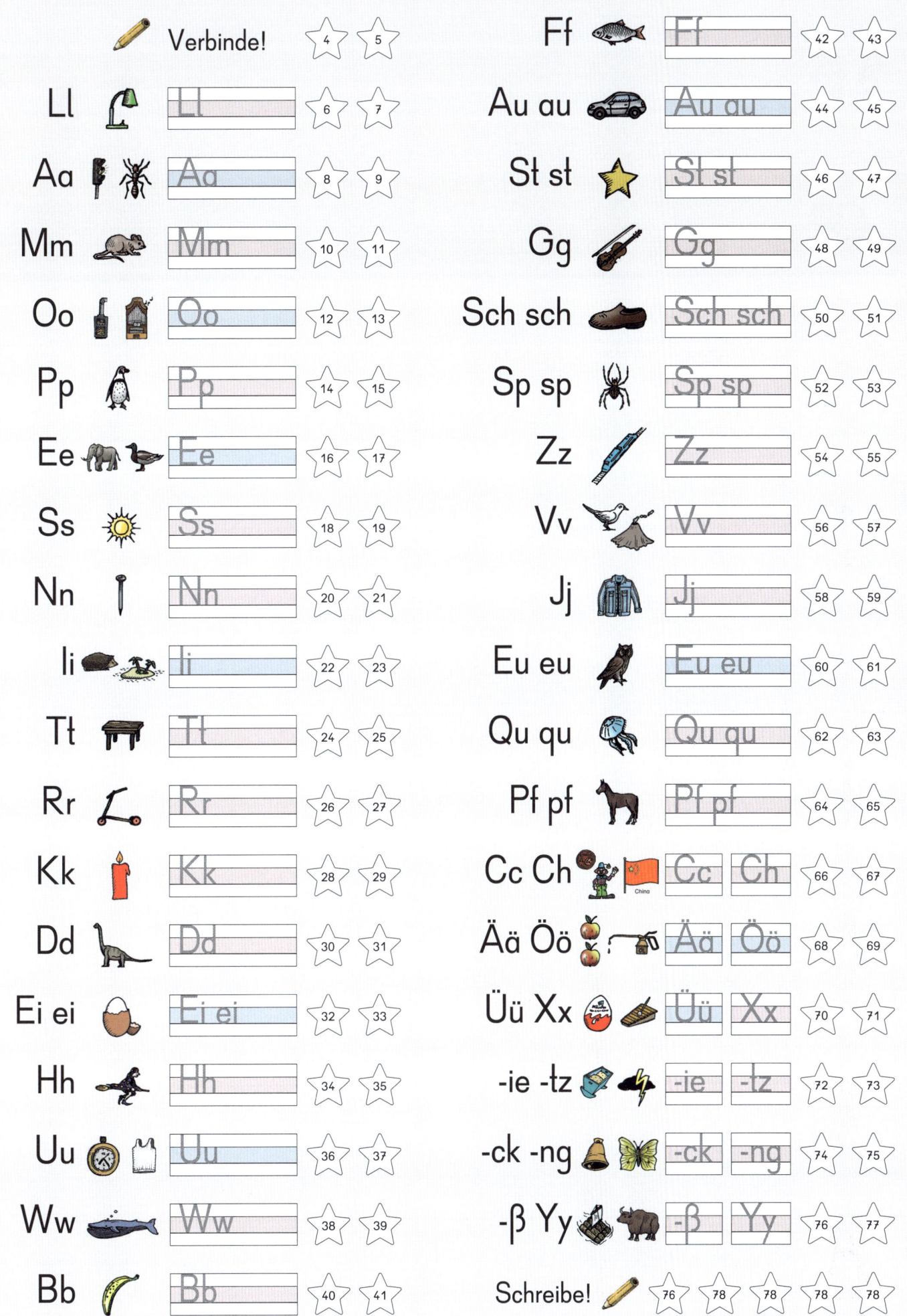

 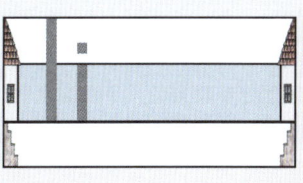

 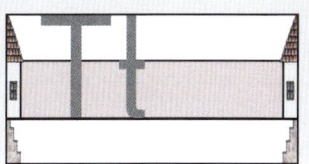

 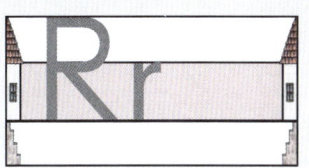

 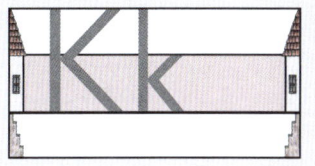

 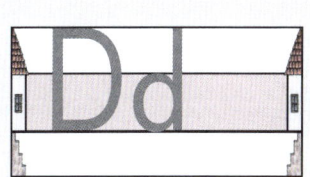

 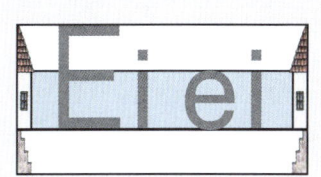

 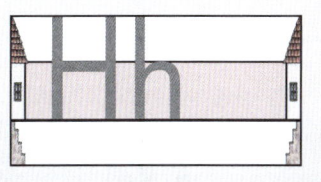

 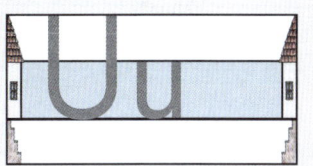

Ll

L

l

L

l

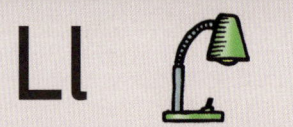

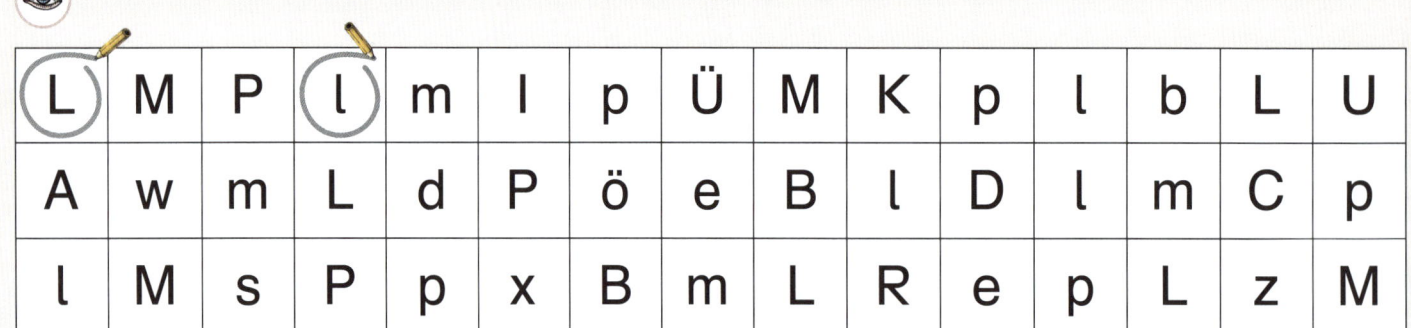

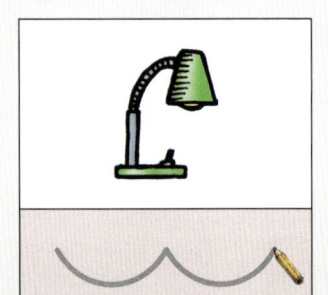

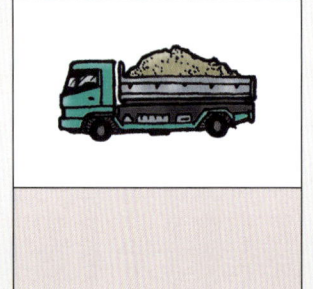

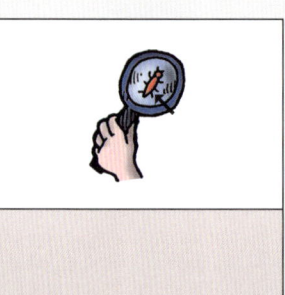

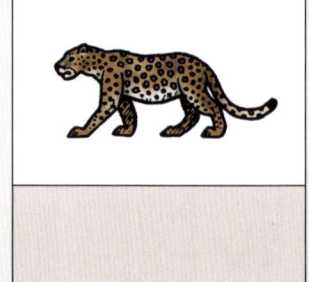

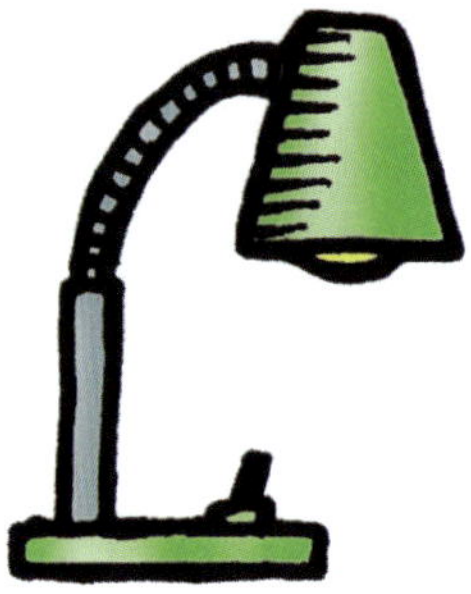

L	M	P	l	m	I	p	Ü	M	K	p	l	b	L	U
A	w	m	L	d	P	ö	e	B	l	D	l	m	C	p
l	M	s	P	p	x	B	m	L	R	e	p	L	z	M

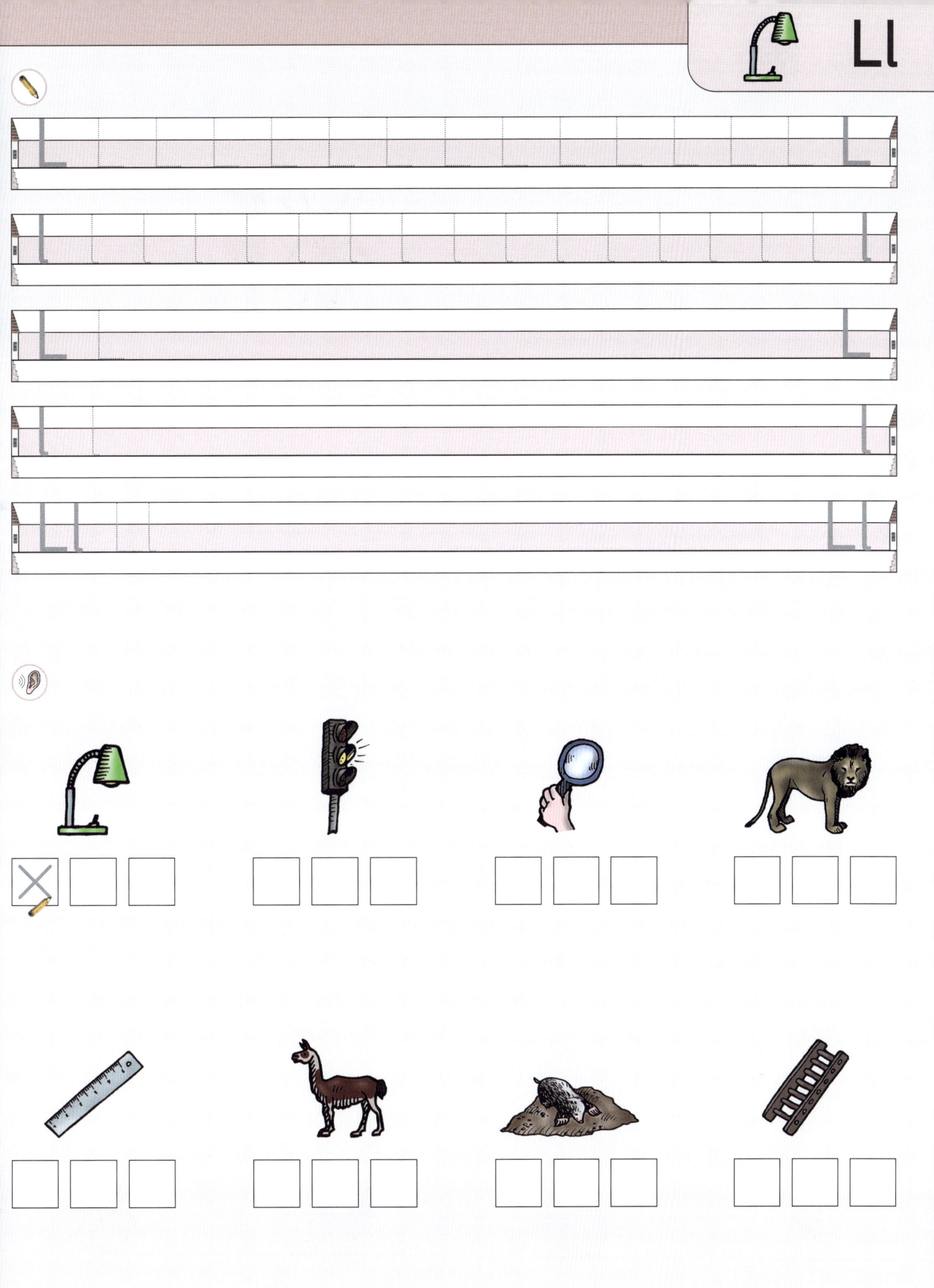

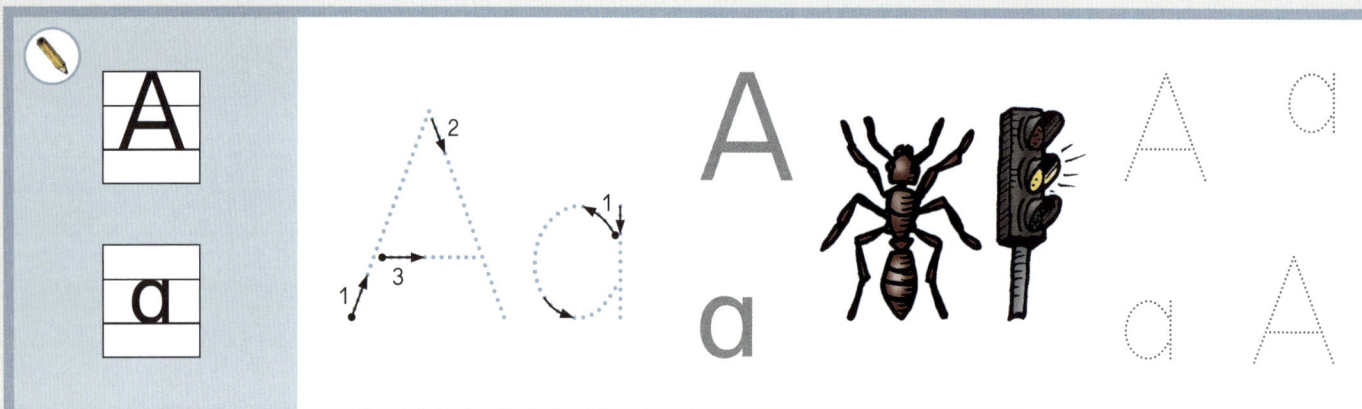

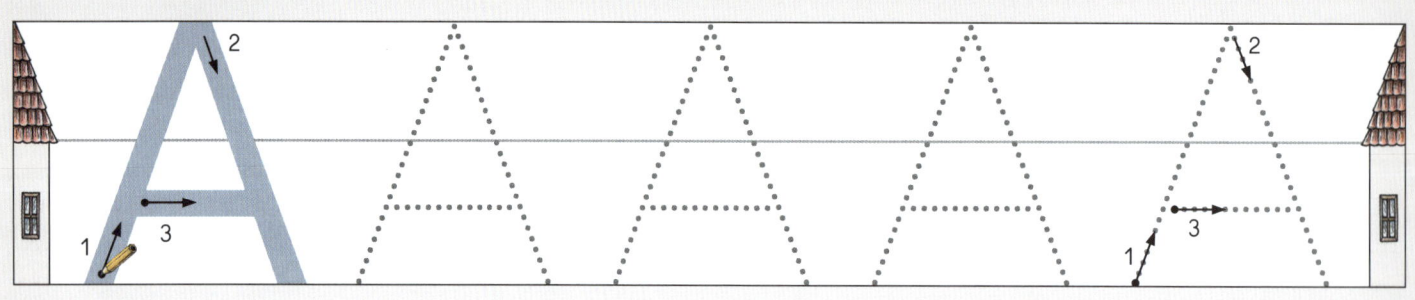

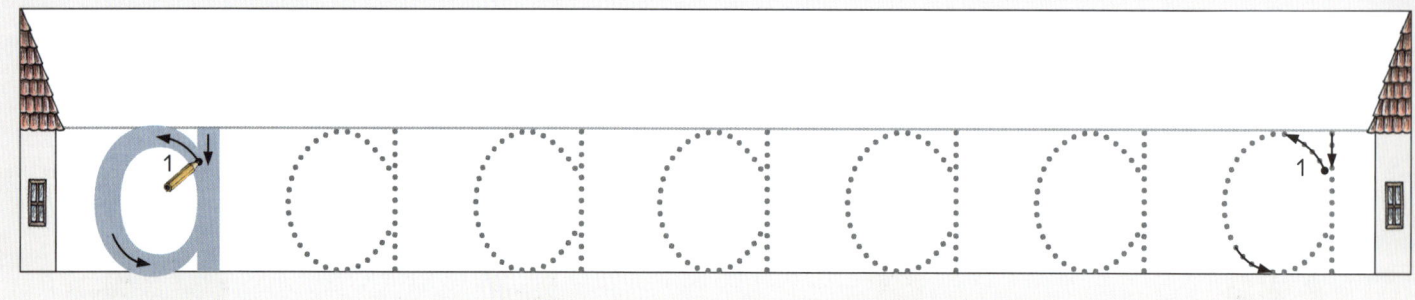

Q	A	E	R	r	T	z	a	l	o	p	A	s	D	F
a	S	C	u	h	J	K	a	d	y	C	A	b	V	m
Y	x	a	t	Q	x	U	P	j	A	L	s	S	A	a

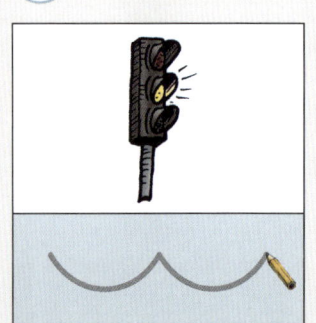

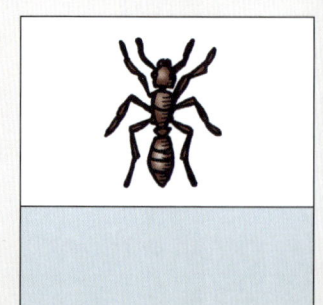

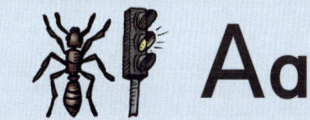

Aa

A A A A A A A A A A A A A

a a a a a a a a a a a a a a a

A A A

a a a

Aa Aa Aa

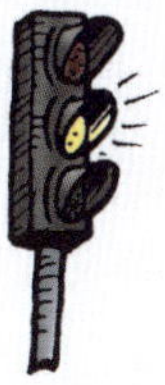

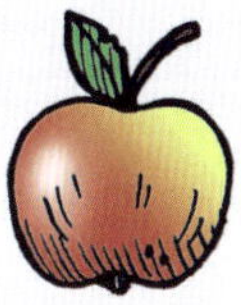

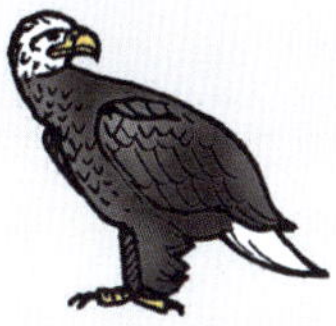

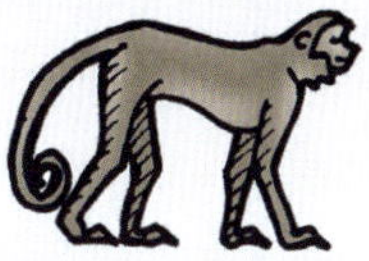

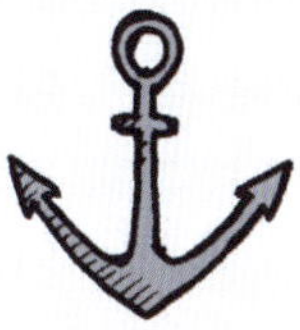

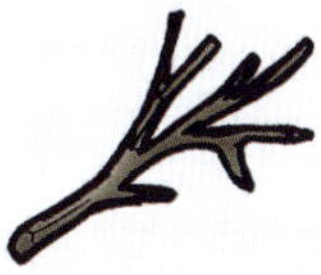

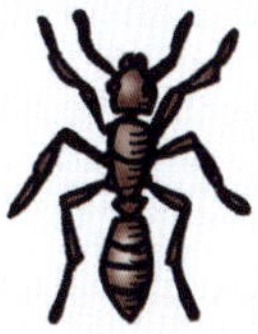

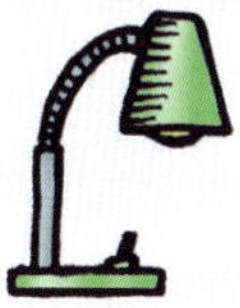

Mm

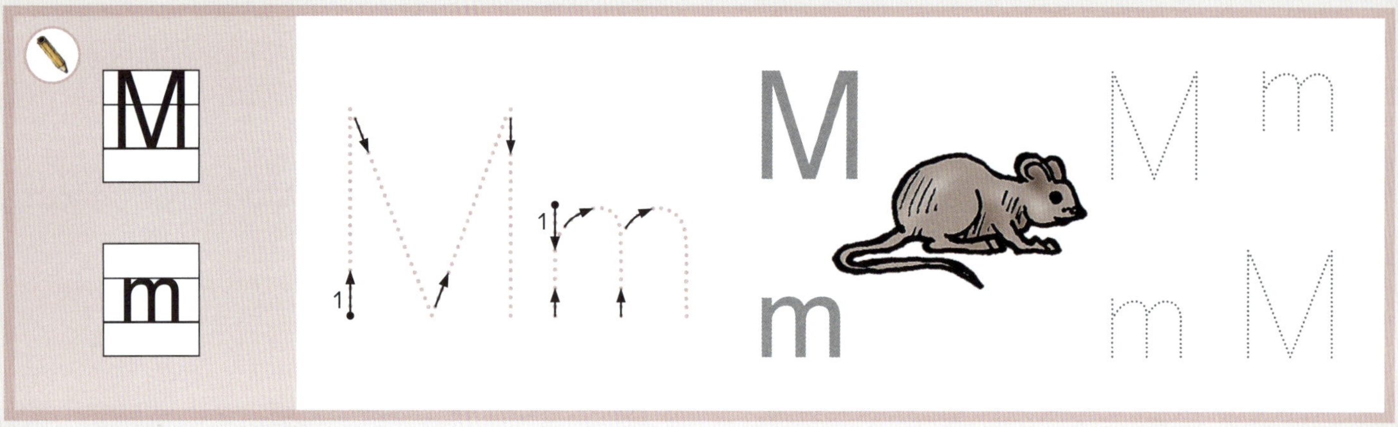

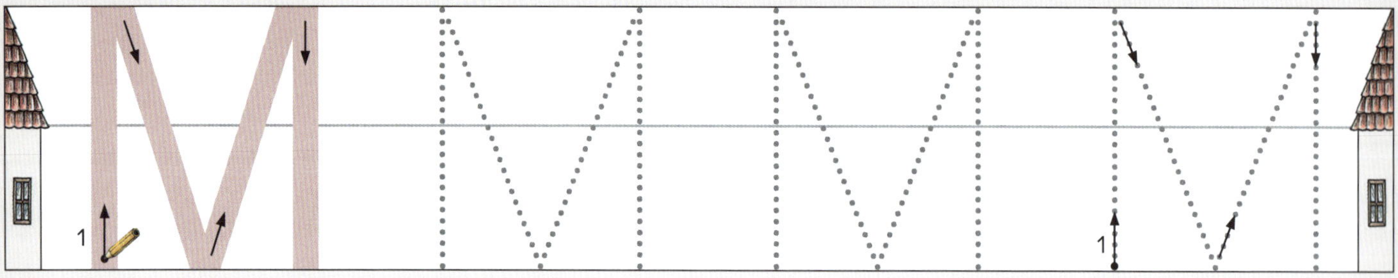

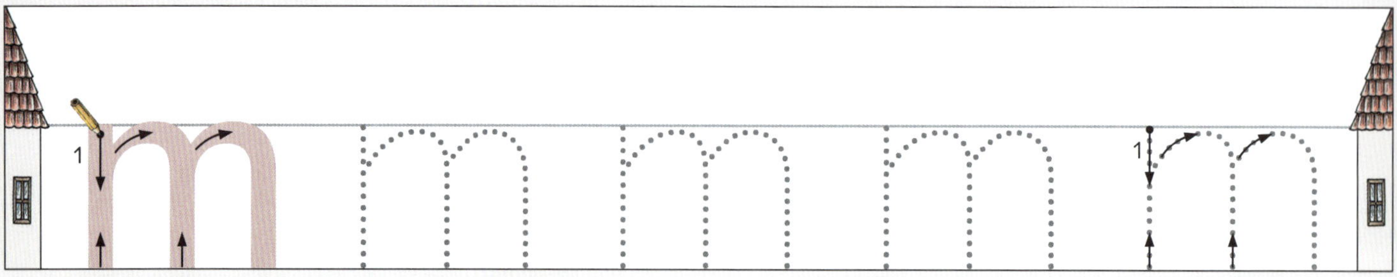

M
m

M

m

L	M	P	l	m	l	p	Ü	M	K	p	u	b	M	U
A	w	m	u	d	P	ö	e	B	d	D	Ö	m	C	p
T	M	s	P	p	x	B	m	O	R	e	p	L	z	M

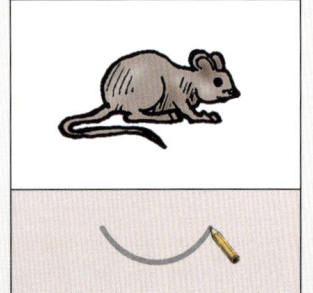

M M M M M M M M M M M M M M M M M

m m m m m m m m m m m m m m m m m

M M M

m m

Mm Mm Mm

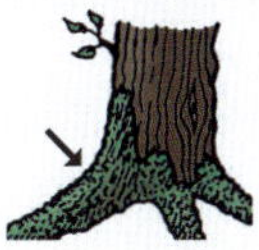

Mama Mama

Lama Lama

Lamm Lamm

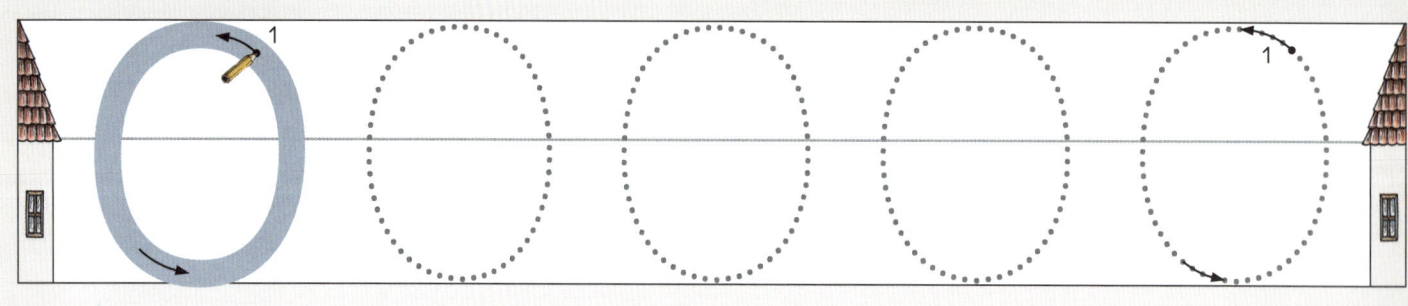

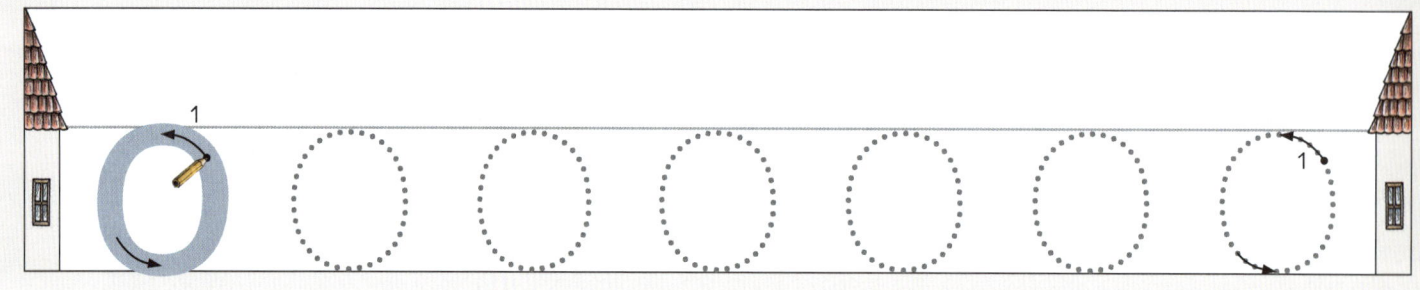

Q	w	E	O	m	I	o	Ü	M	K	p	u	b	O	U
A	w	m	u	d	O	ö	o	B	d	O	Ö	m	C	p
T	O	s	P	p	x	B	m	O	R	e	p	o	z	M

 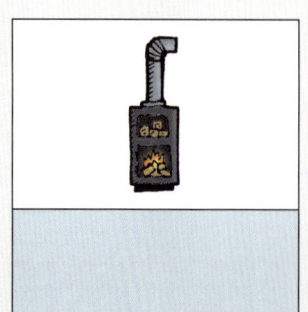  

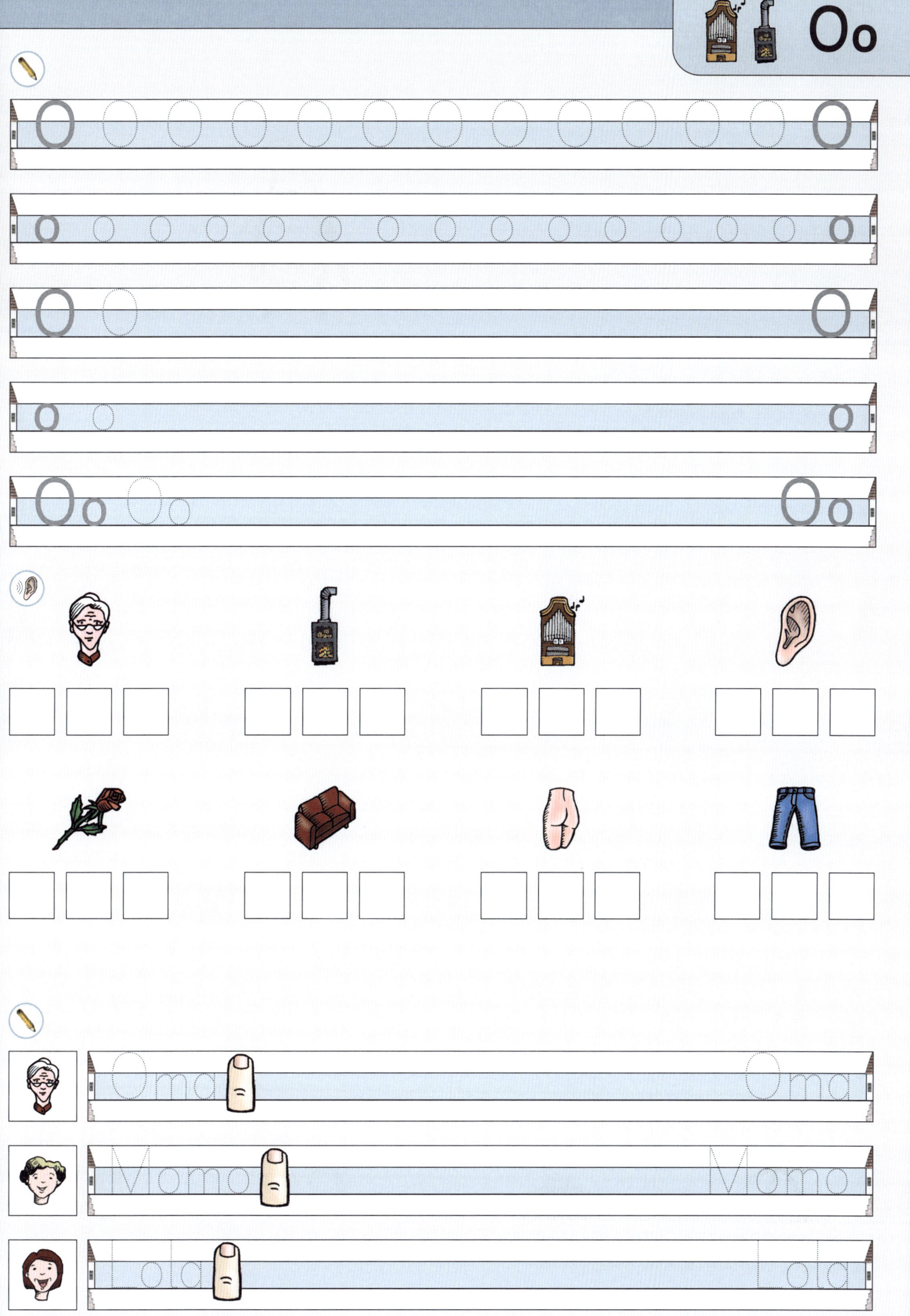

P p

P
p

P
P

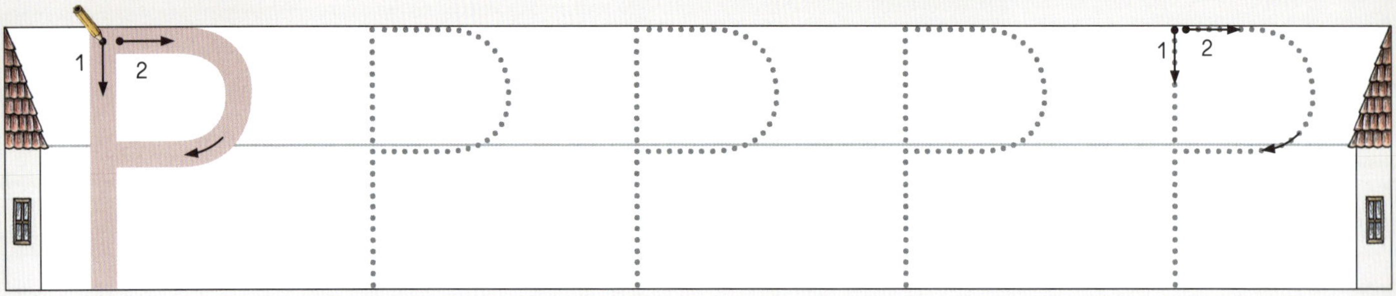

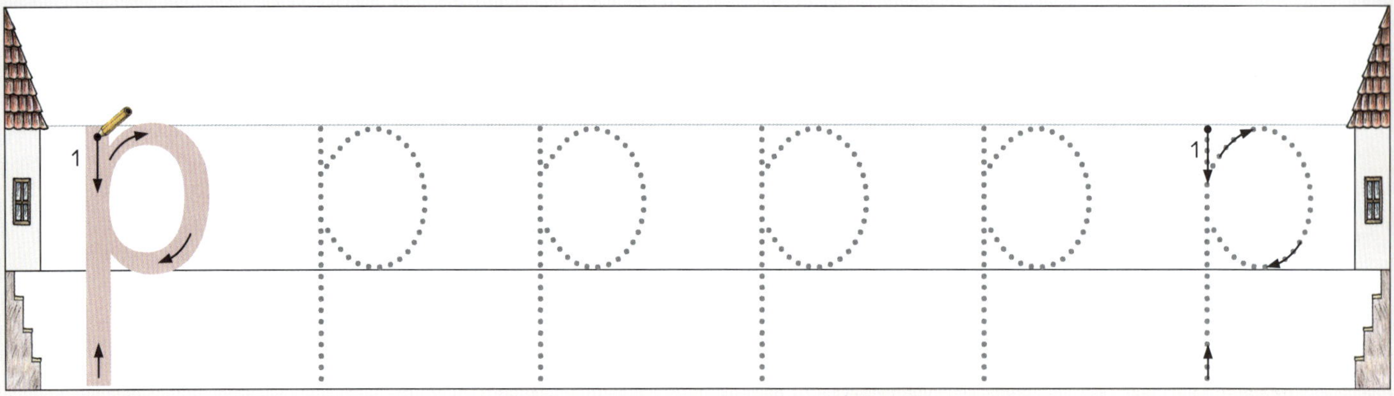

P

p

A	b	t	P	x	H	p	Ü	K	K	P	u	b	x	f
J	i	P	u	d	p	ö	p	B	d	D	P	m	y	z
U	M	v	P	p	P	P	e	u	A	l	b	p	p	z	q

   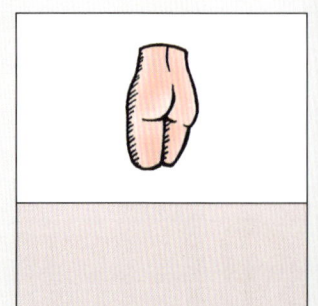

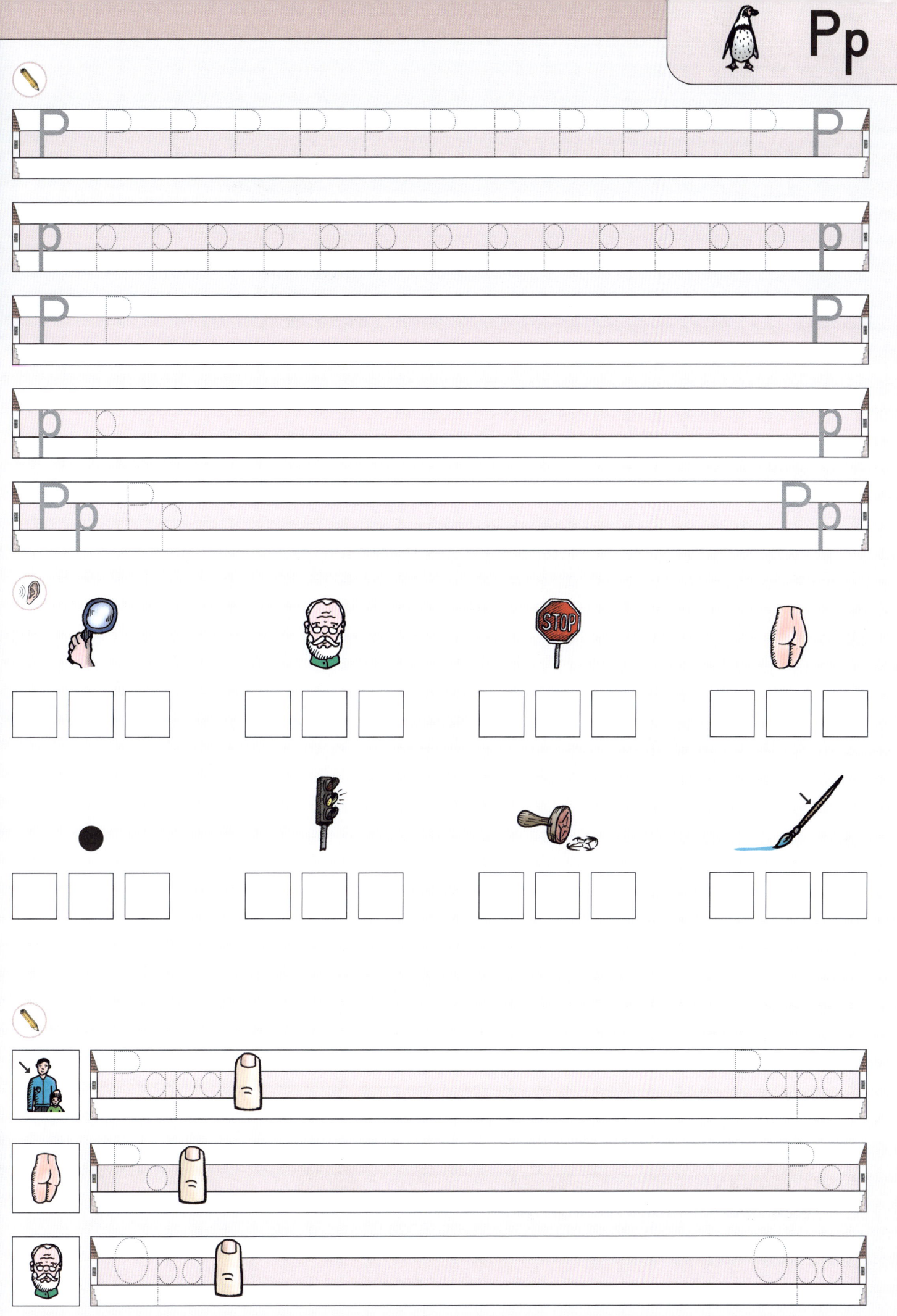

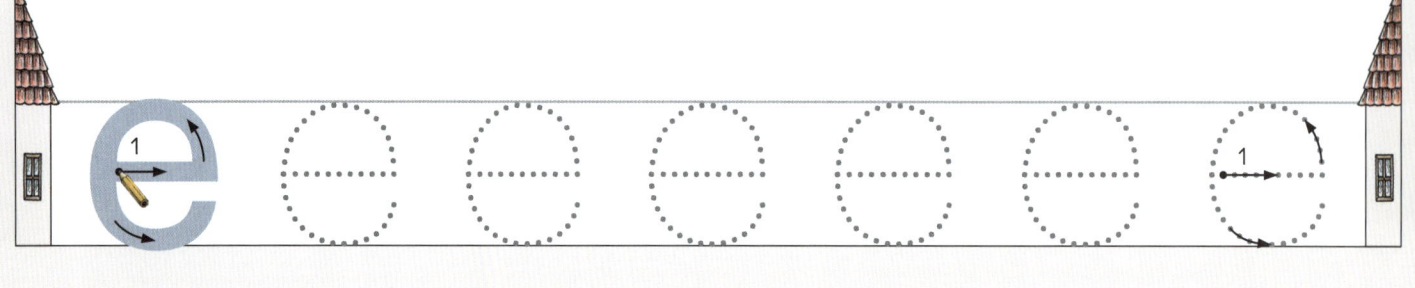

E	M	P	r	m	e	p	Ü	P	K	p	e	b	i	U
A	e	m	u	d	P	ö	e	B	d	E	Ö	m	F	v
W	M	e	P	p	x	E	i	O	R	e	p	L	u	M

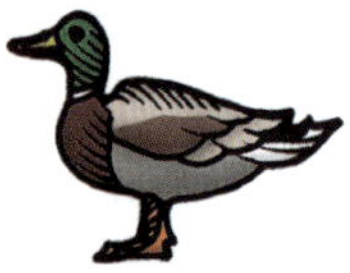

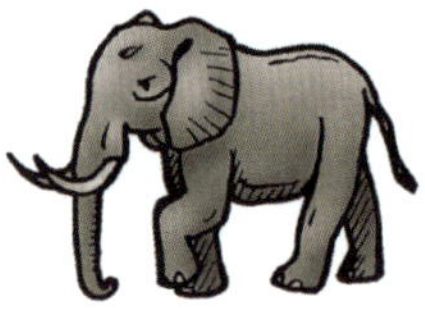

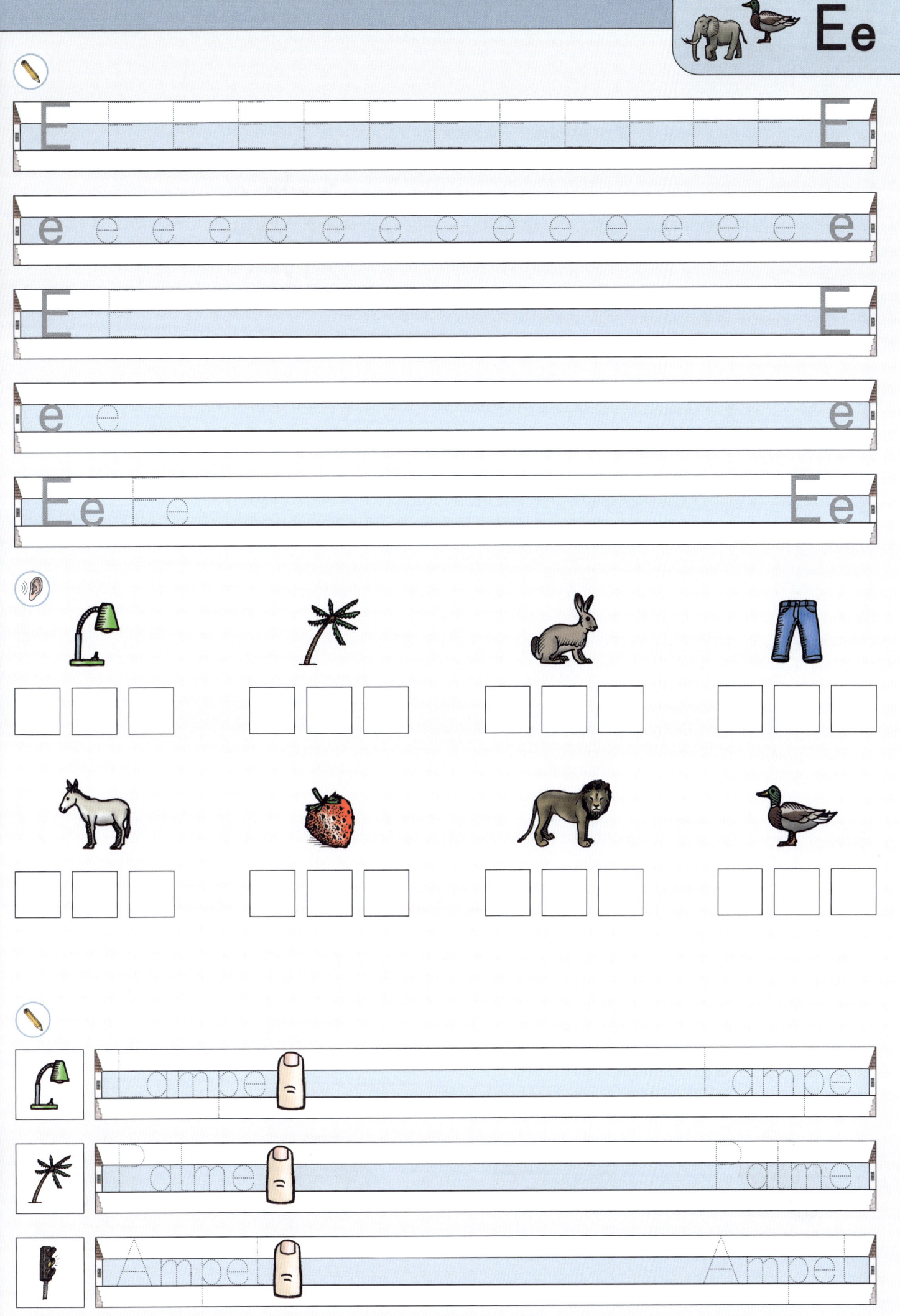

Ss

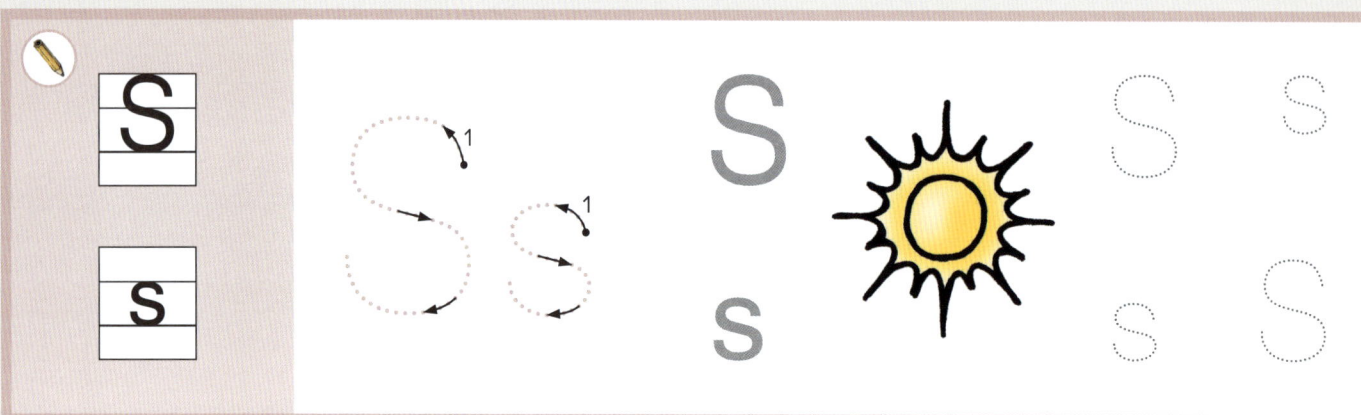

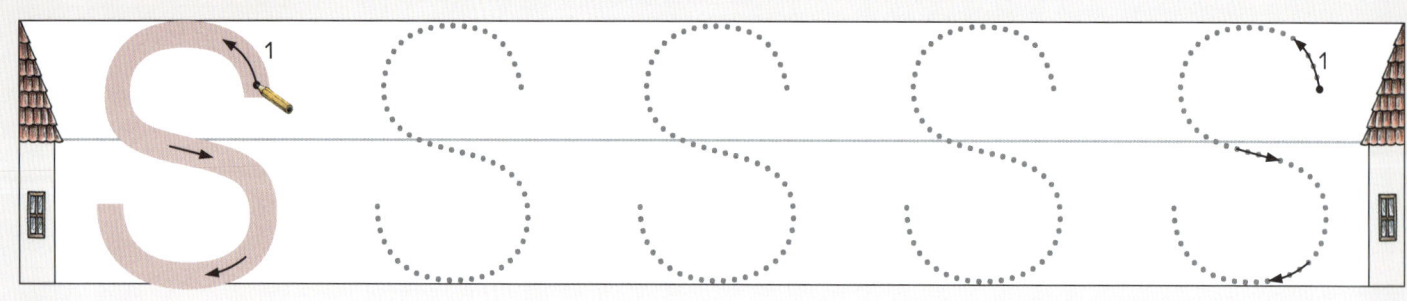

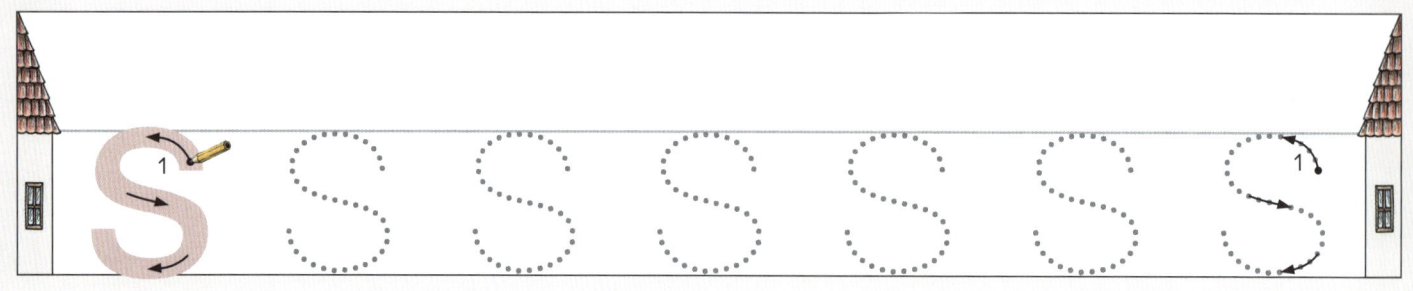

S	M	P	l	m	I	s	Ü	M	K	p	u	b	s	U
A	s	m	S	d	P	ö	e	B	d	D	Ö	m	C	s
T	M	s	P	p	x	B	m	S	R	e	p	s	S	M

S S S S S S S S S S S S S S S

s s s s s s s s s s s s s s s

S S S

s s

Ss Ss Ss

See See

Esel Esel

Sessel Sessel

N	e	b	y	m	l	u	Ü	m	K	n	u	n	M	d
F	w	N	u	d	P	n	e	G	d	D	S	m	n	F
Q	m	s	p	E	x	n	m	O	P	e	p	n	z	M

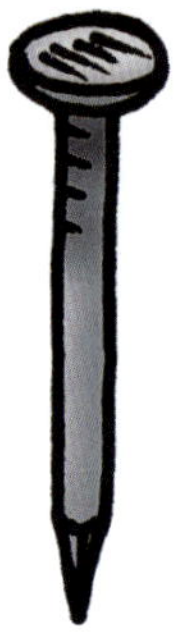

g

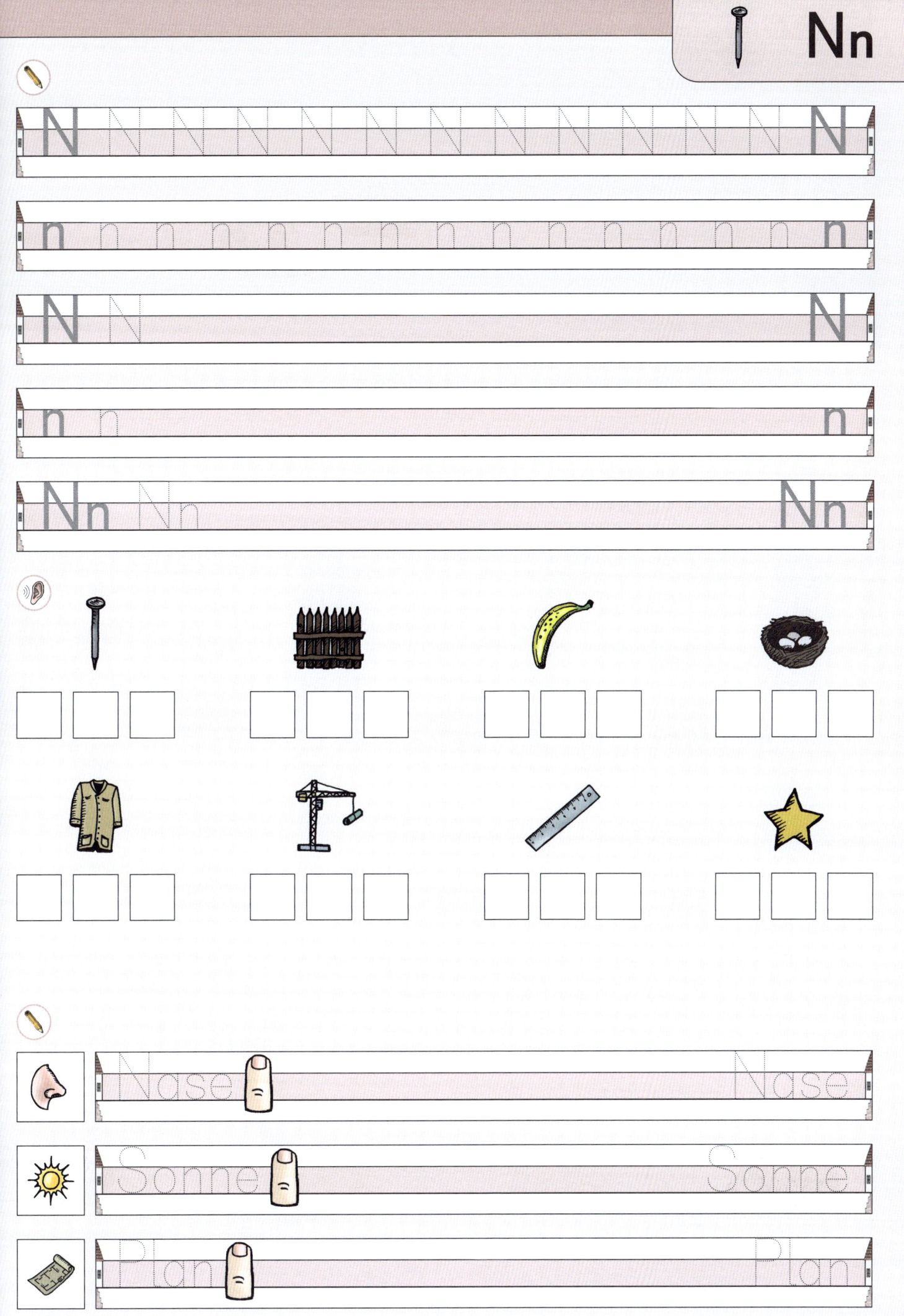

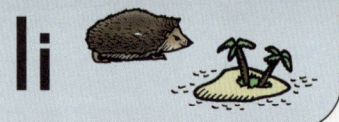

Ii

I

i

1 2 1

I

i

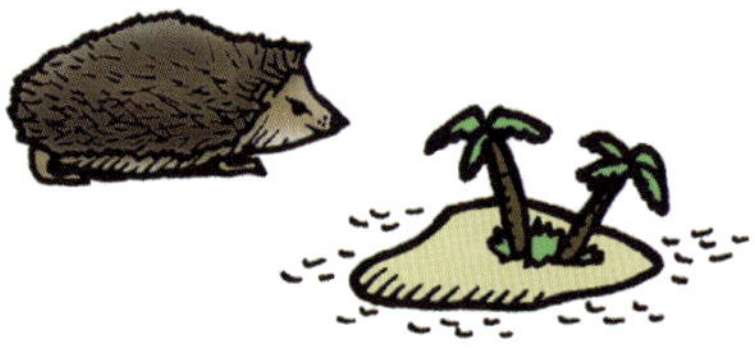

1 1

2 2

1 1

L	M	P	I	m	i	p	Ü	v	K	p	t	i	F	g
e	W	m	u	i	P	ö	I	B	d	I	Ö	m	f	i
i	M	R	P	p	i	B	m	O	R	i	p	L	I	M

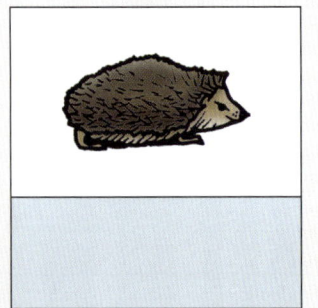

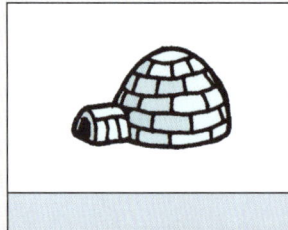

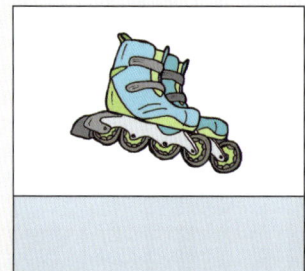

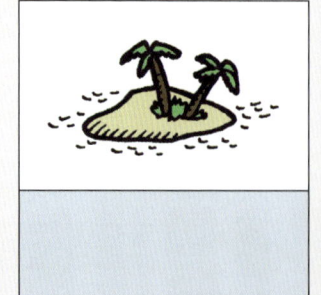

Ii

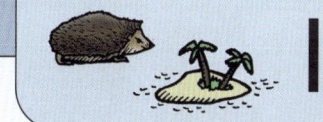

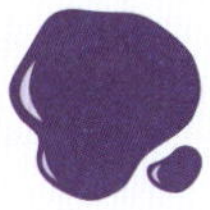
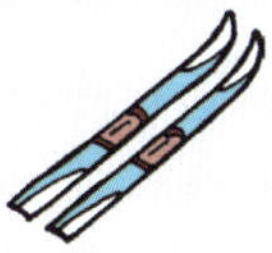
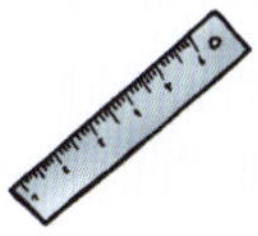
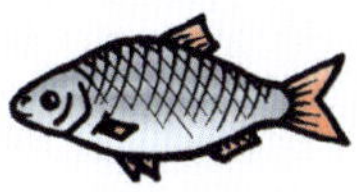

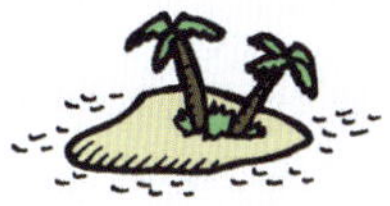
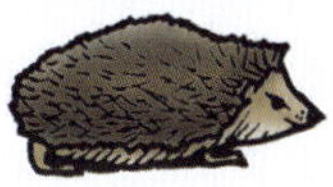
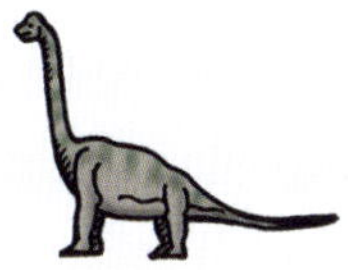
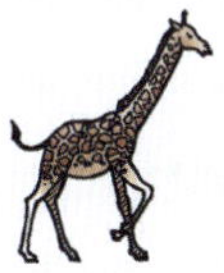

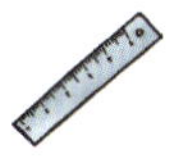
Lineal Lineal

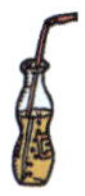
Limo Limo

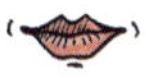
Lippen Lippen

Tt 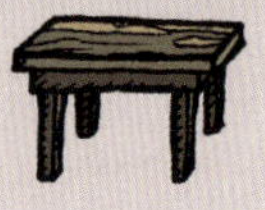

T

t

T t

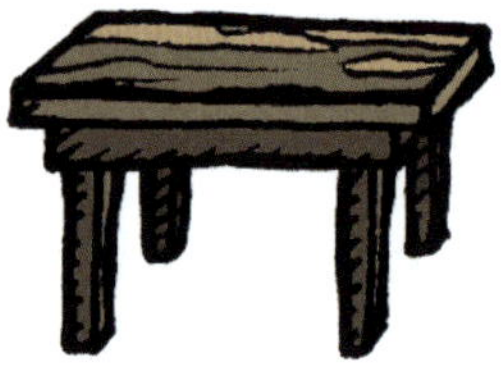

T	M	P	l	m	t	p	Ü	M	t	F	U	b	o	U
A	f	m	t	d	P	ö	t	B	d	D	T	m	o	p
ä	M	T	P	ü	x	t	m	O	R	e	p	T	z	M

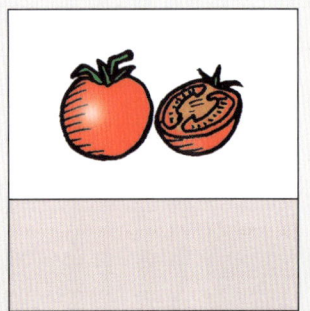

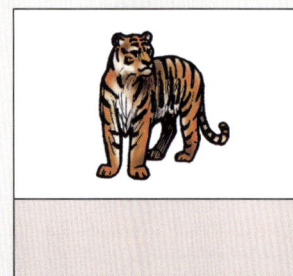

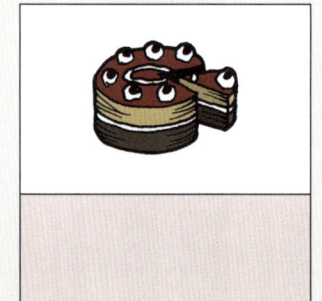

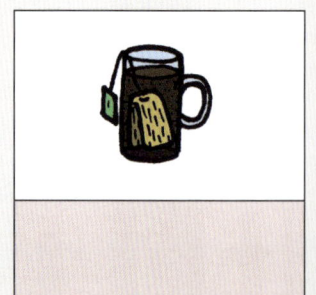

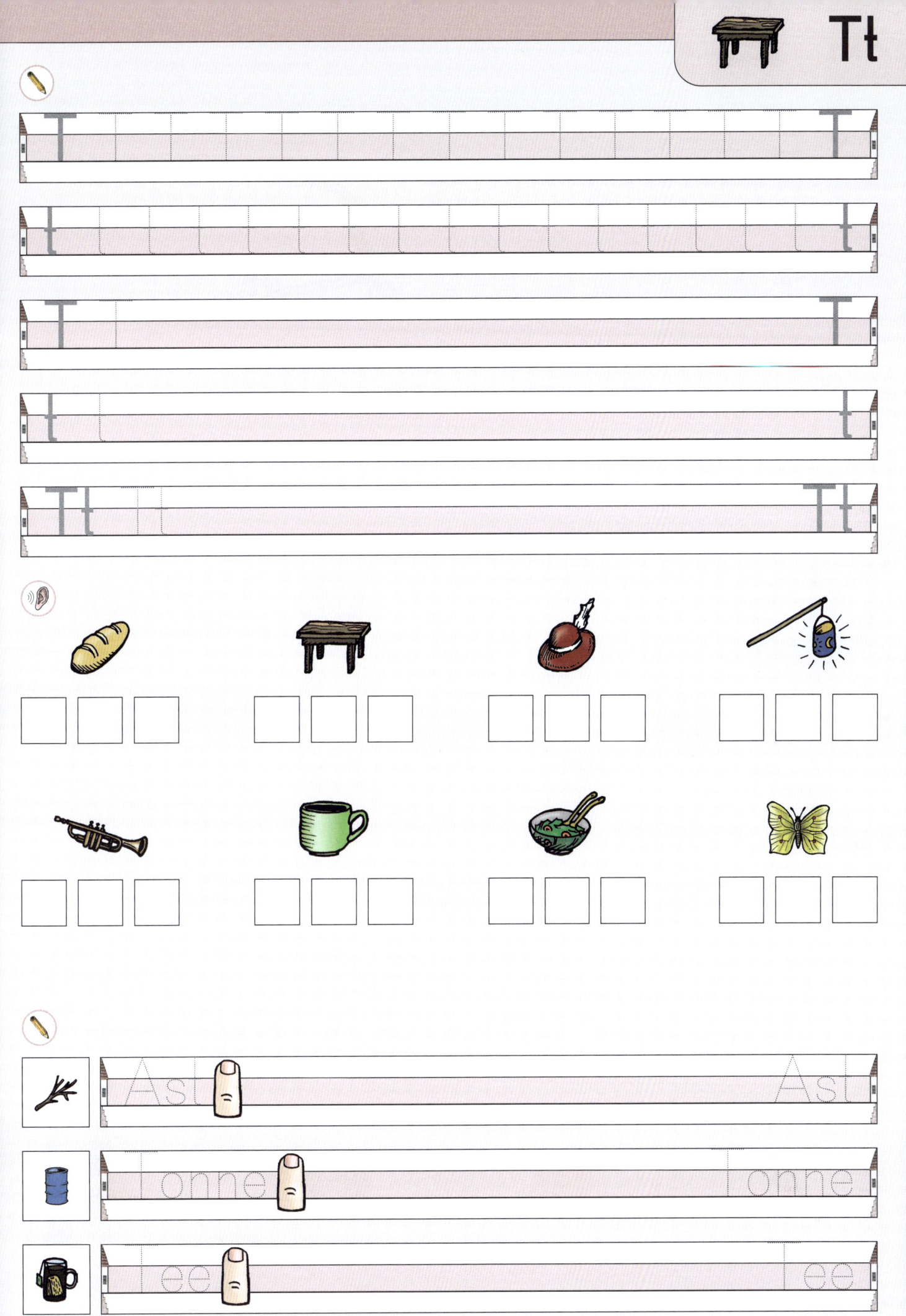

Rr

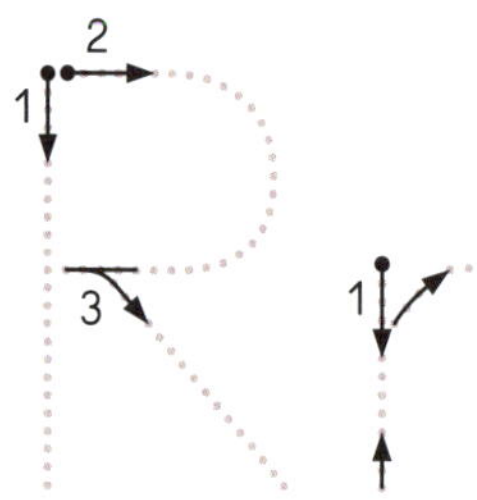

R r

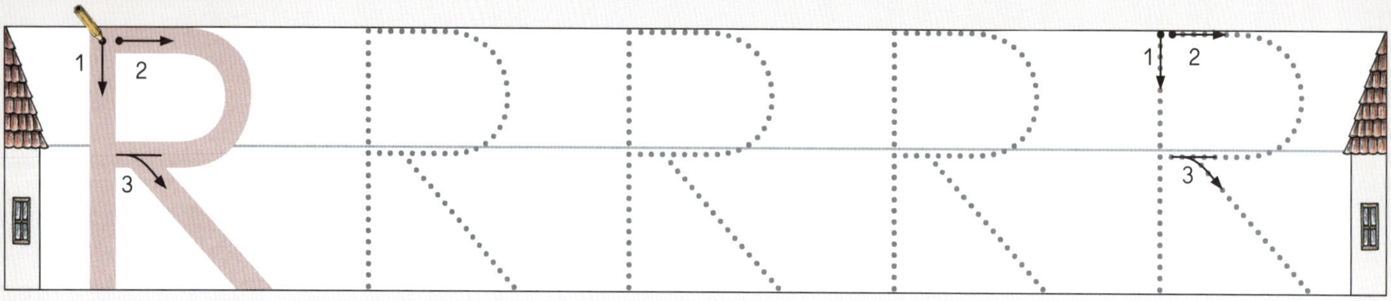

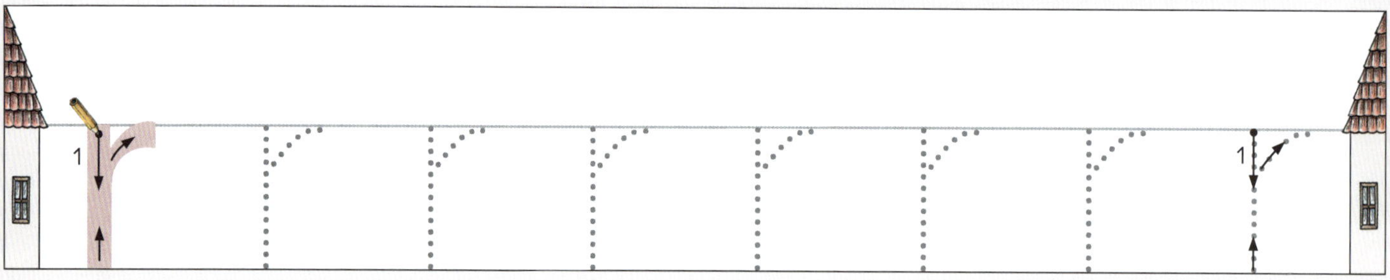

e	M	w	l	R	l	q	Ü	R	K	r	u	b	M	R
r	w	m	u	r	P	ö	e	B	R	d	J	m	r	p
T	r	s	P	r	x	B	R	O	R	e	p	i	z	M

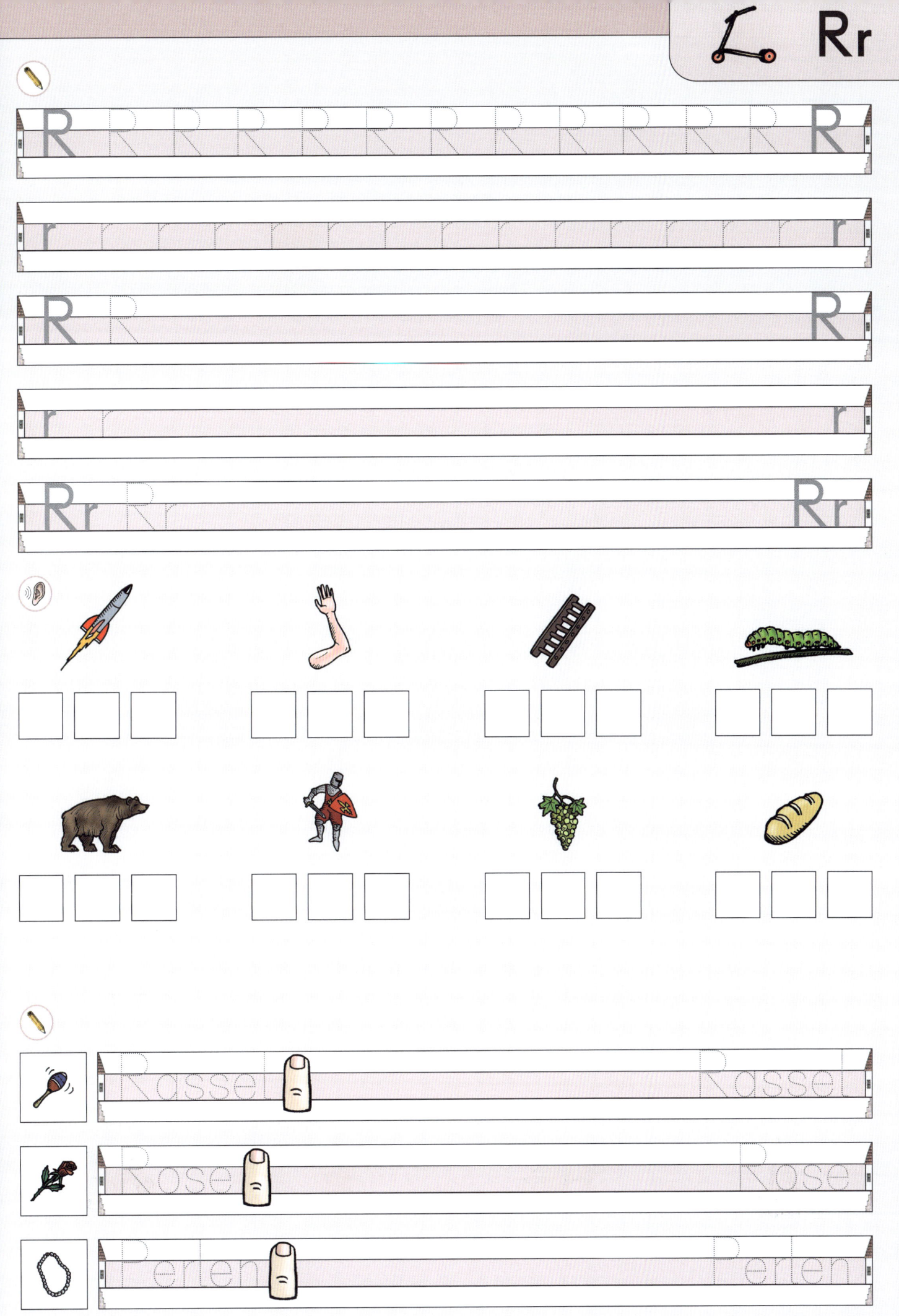

Kk

K
k

K k K k

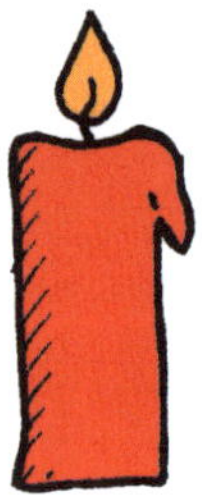

K k

E	M	w	l	m	I	k	Ü	M	K	p	k	b	A	i
V	w	k	u	d	P	K	e	B	d	D	K	m	d	p
T	v	s	P	P	e	B	k	O	K	e	p	L	z	k

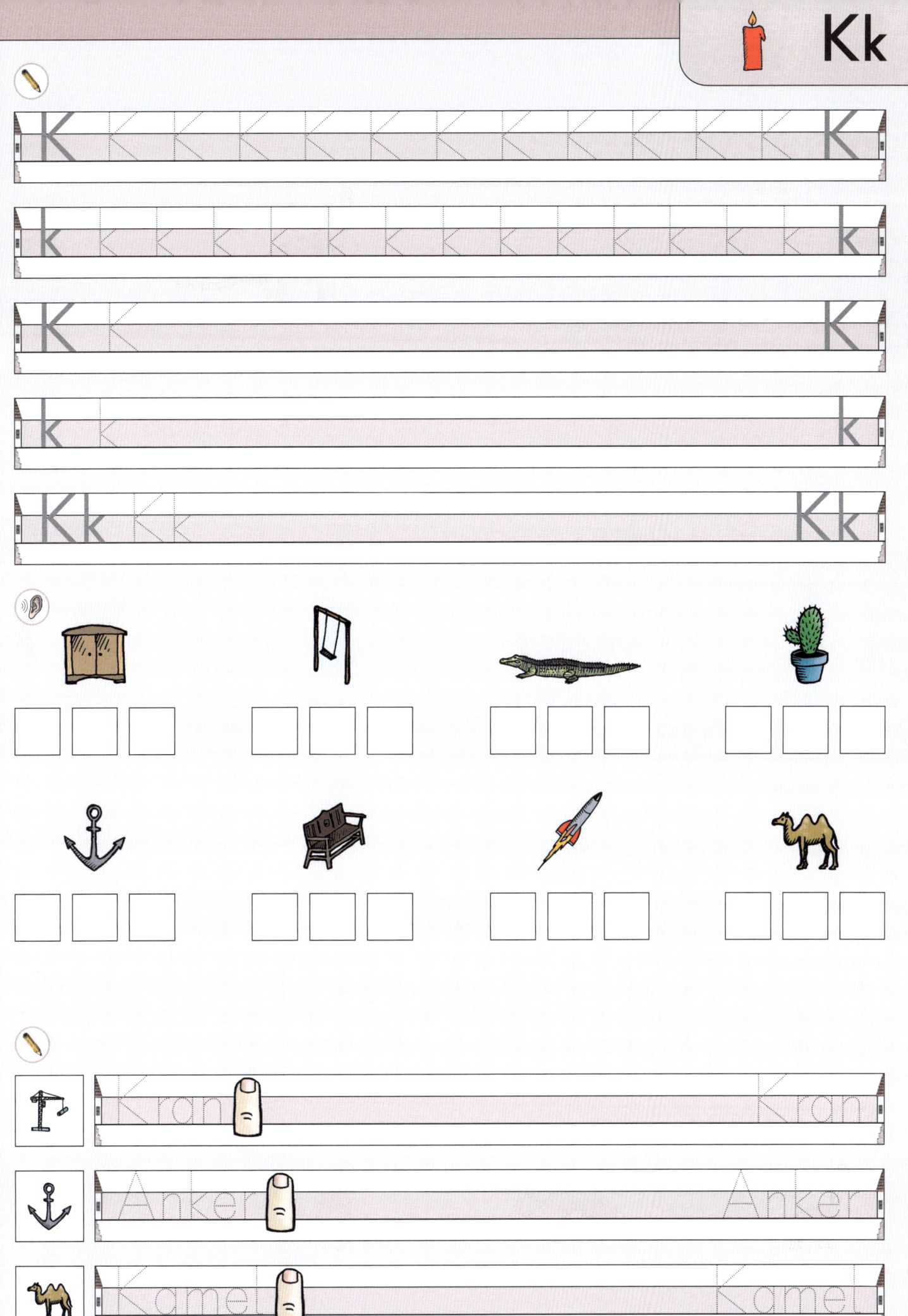

Dd

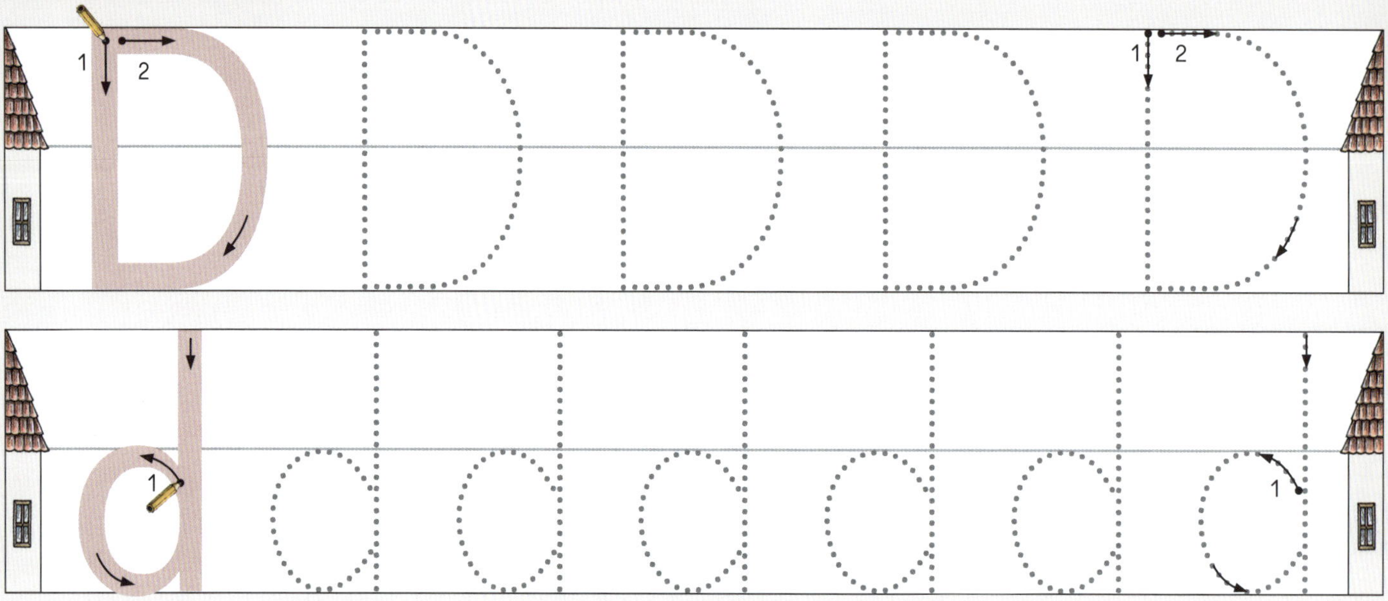

D	M	P	l	m	l	d	Ü	M	K	p	u	d	M	U
A	w	D	u	d	P	d	e	B	d	D	Ö	m	D	p
d	M	s	P	p	x	B	m	D	R	e	d	L	z	M

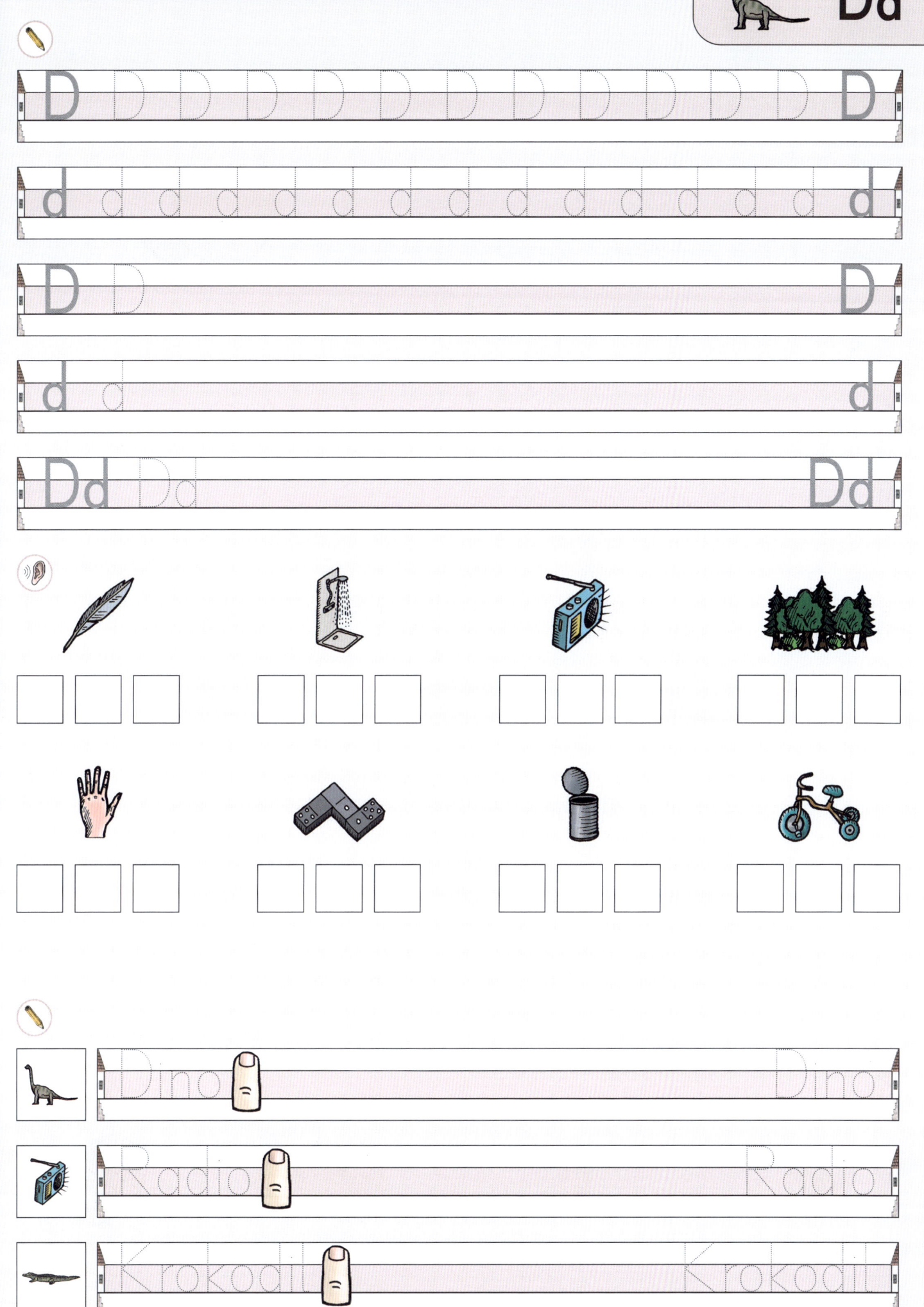

D D D D D D D D D D D D D D D D

d d d d d d d d d d d d d

D D D

d d

Dd Da Dd

Ei ei

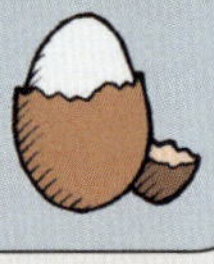

Ei

ei

Ei

ei

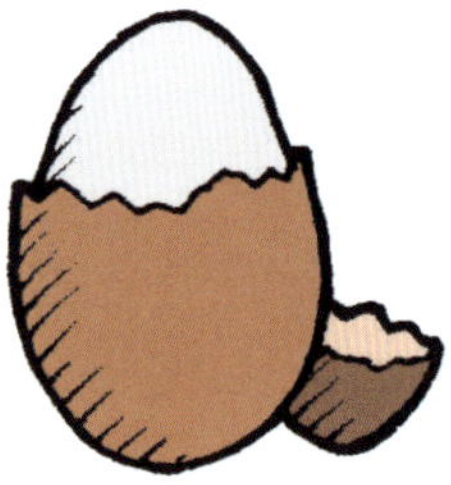

Ei

ei

Au	Pf	ch	Eu	Ei	St	Sp	au	ei	Pf	pf	Sp	au	St	Ei
Ch	au	ei	st	de	Au	Ei	ch	eu	Sp	ch	AU	ei	Ch	ps
Au	ei	ch	Eu	st	au	ch	Au	Ei	St	ei	au	Ch	Pf	Au

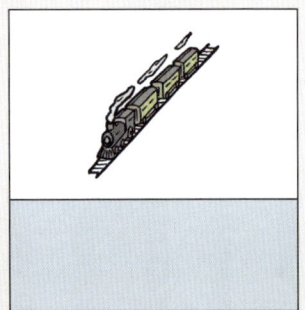

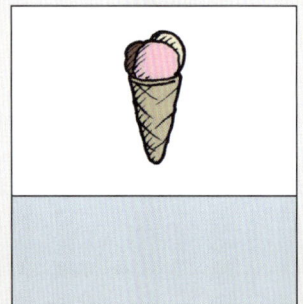

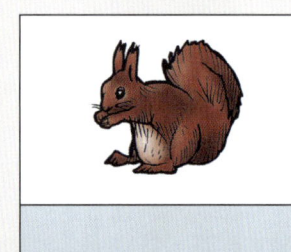

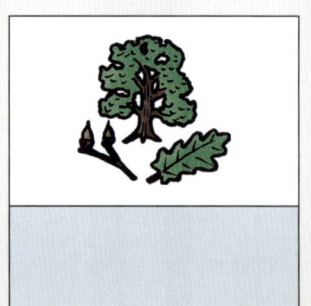

Ei Ei

ei ei ei ei ei ei ei ei ei ei ei ei ei

Ei Ei

ei ei

Ei ei Ei ei

□ □ □   □ □ □   □ □ □   □ □ □

□ □ □   □ □ □   □ □ □   □ □ □

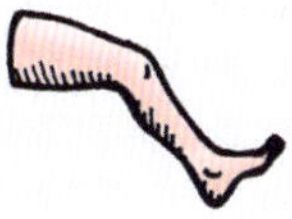

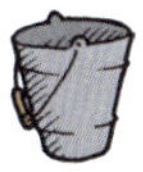

Eimer Eimer

Leiter Leiter

Seil Seil

Hh

H
h

H h

H
h

A	M	P	H	m	I	p	Ü	M	h	p	u	h	M	U
L	h	m	u	d	P	A	e	B	d	D	A	m	C	p
s	M	H	P	a	x	B	m	O	A	h	p	L	a	A

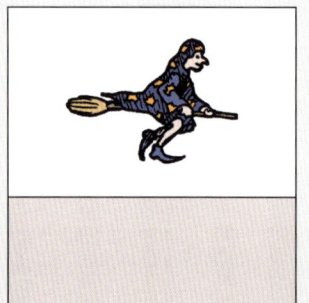

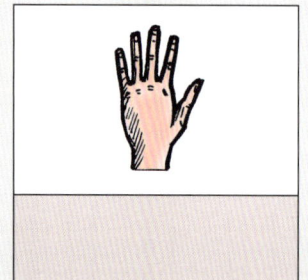

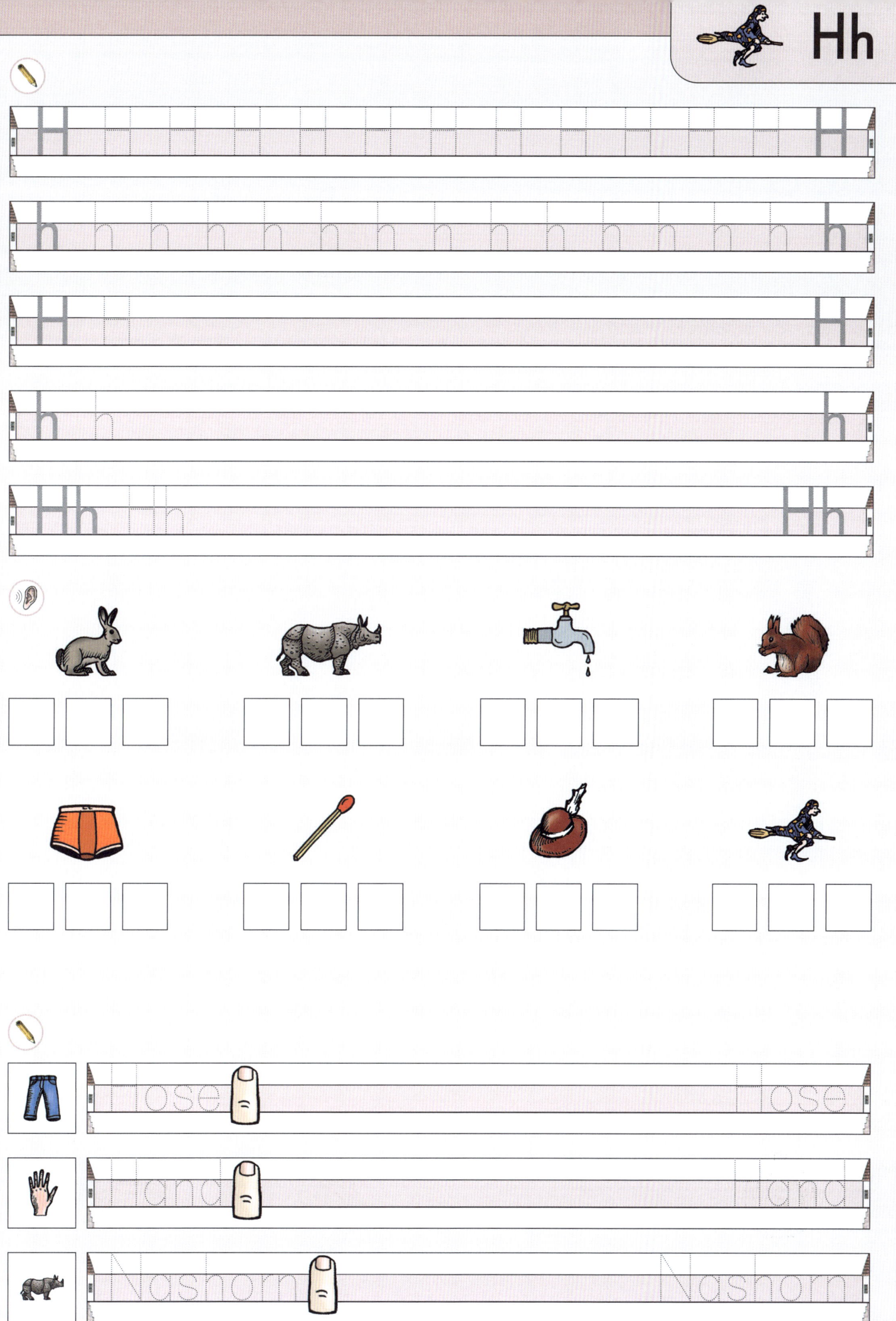

Hh

Uu

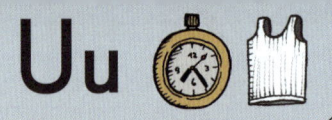

U

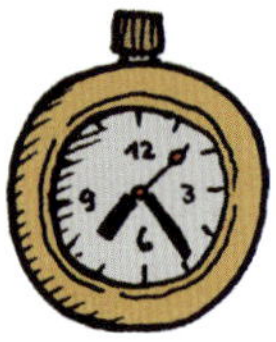

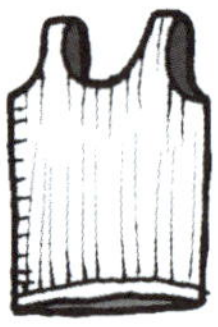

u

L	U	P	l	m	u	p	Ü	M	K	p	u	b	M	U
A	w	m	u	d	P	ö	e	B	U	D	Ö	m	u	p
q	M	s	u	p	x	B	m	U	R	e	p	L	u	M

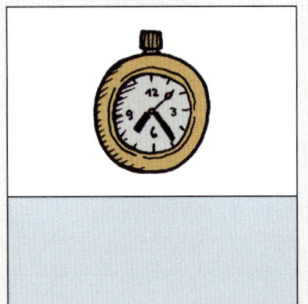

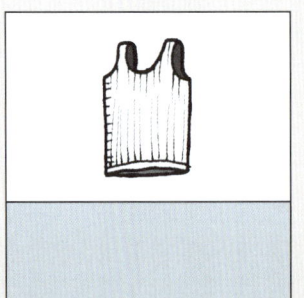

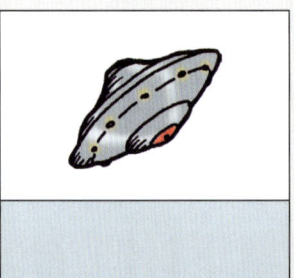

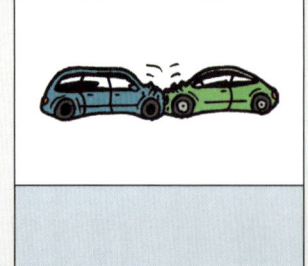

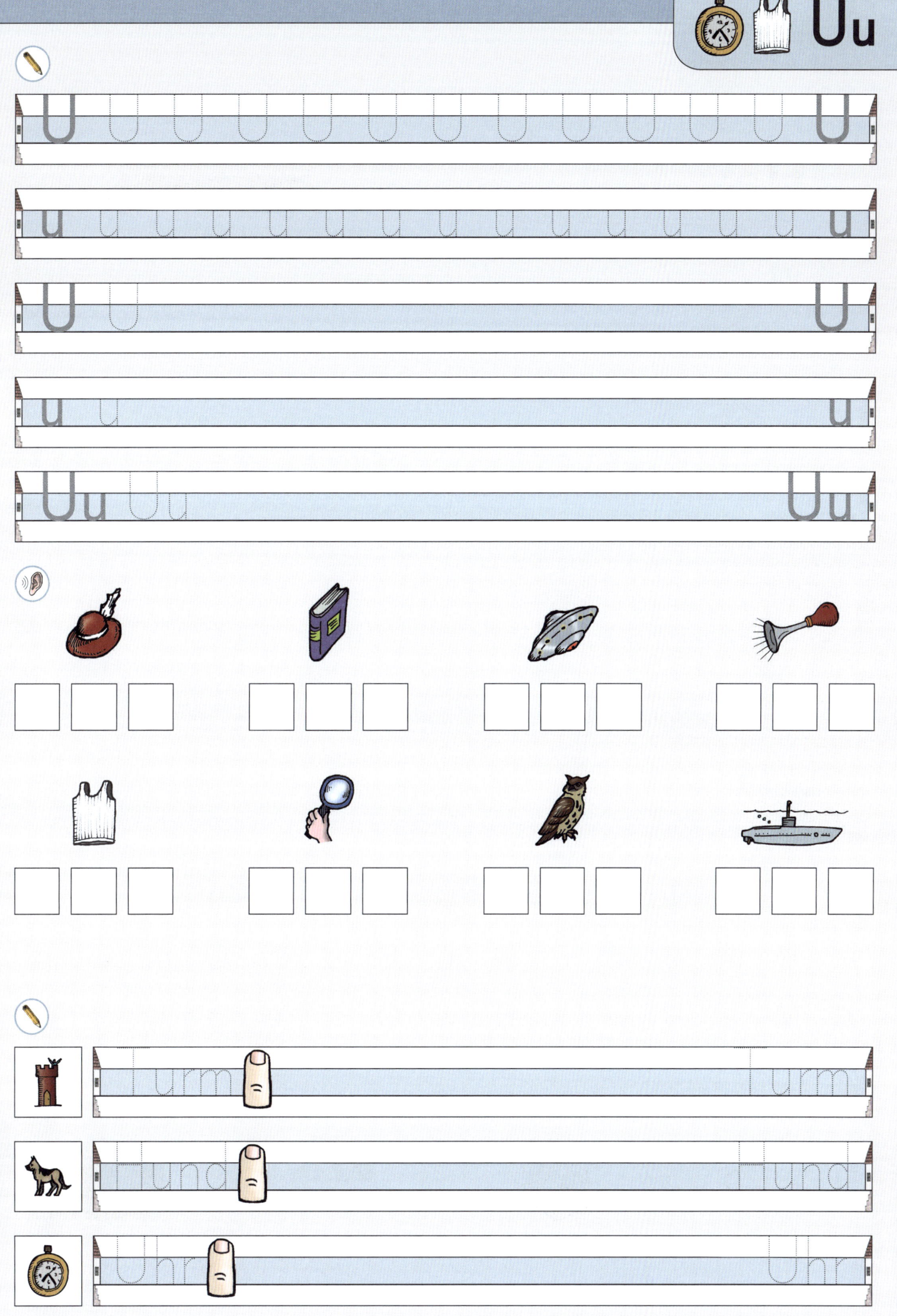

W w

W	w	Ü	M	K	p	u	W	M	U

W	M	P	l	m	I	w	Ü	M	K	p	u	W	M	U
i	E	m	u	d	P	w	e	B	d	W	Ö	m	w	p
H	M	s	P	w	x	B	w	O	R	e	p	L	z	W

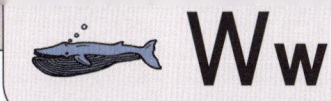

Ww

W W W W W W W W W W W W

w w w w w w w w w w w w w w w

W W W

w w m

Ww Ww Ww

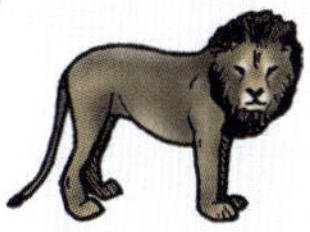

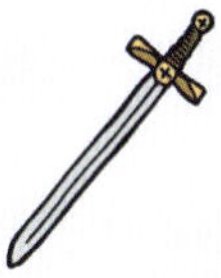

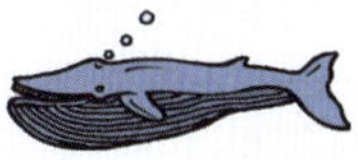

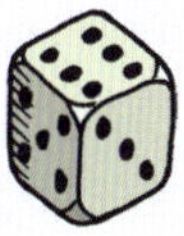

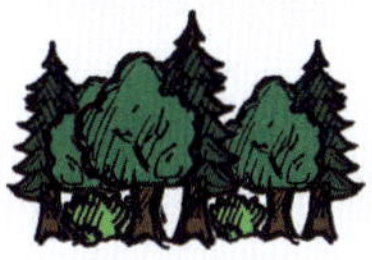

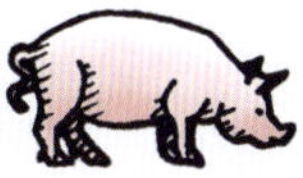

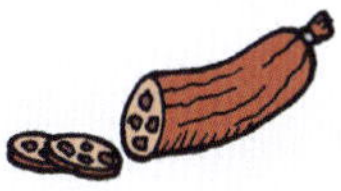

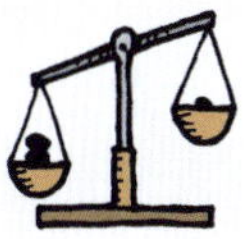

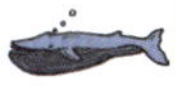 Wal Wal

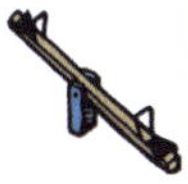 Wippe Wippe

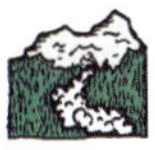 Lawine Lawine

Bb

B b

B b

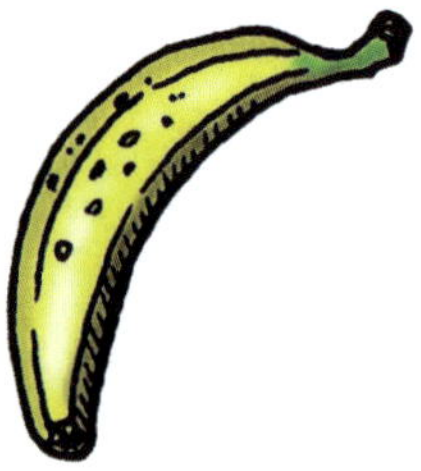

Q B P l m I B Ü M K p u b M U

i w m u B P ö e B d D Ö m C b

o M B P a x B m O R b p L z e

 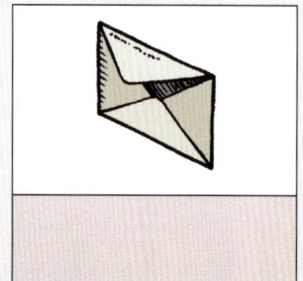  

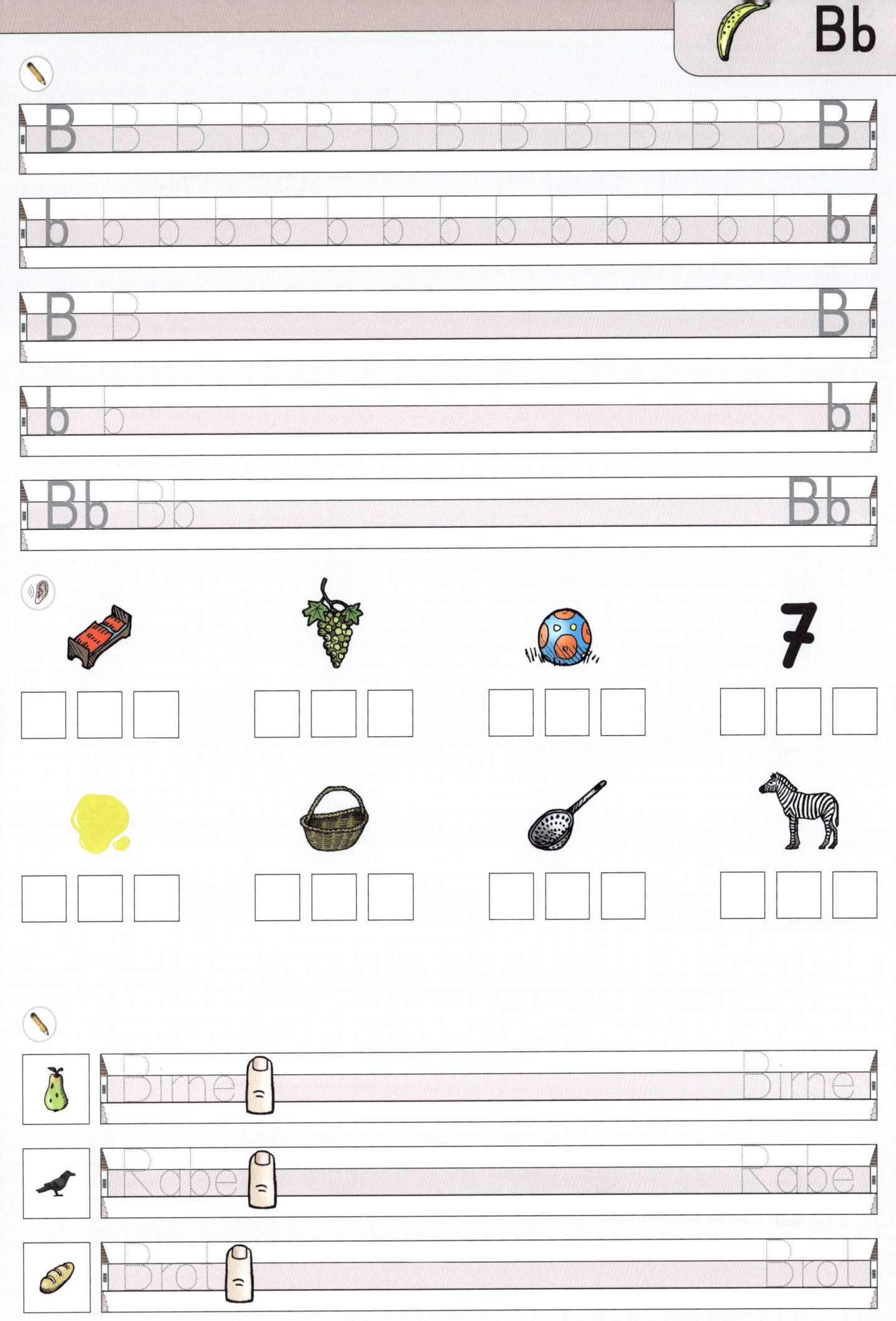

Ff

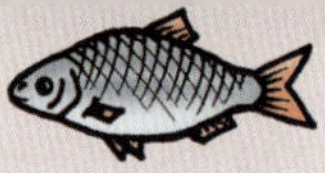

F f

F 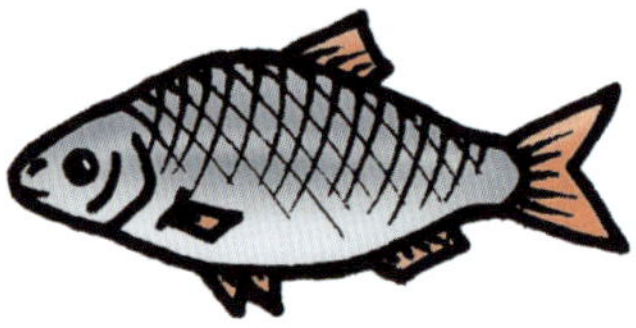 f

e M P l F l p Ü M f p u b f U
f w m u f P ö e B d F Ö m k p
T F s P p x B m O f e p L M f

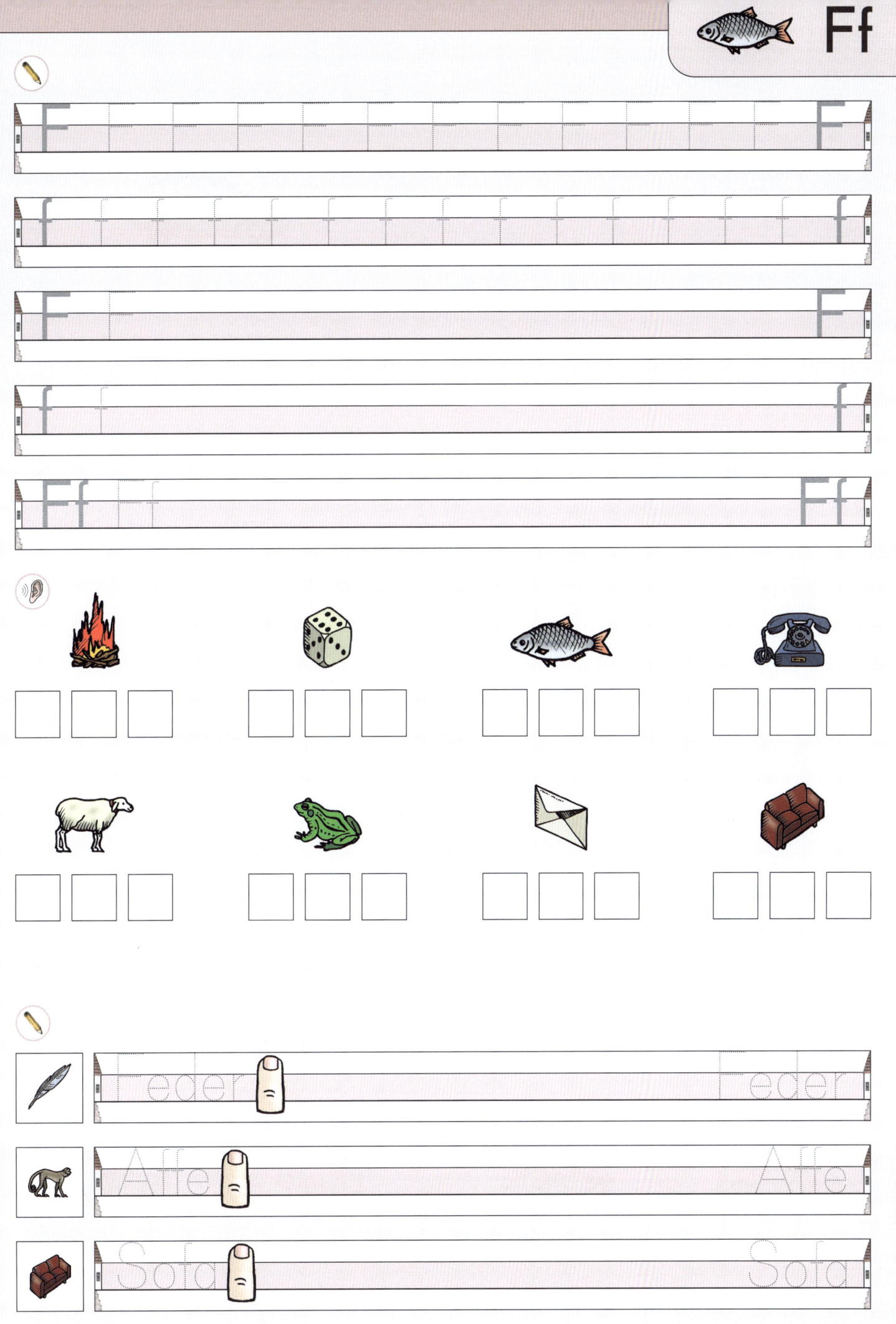

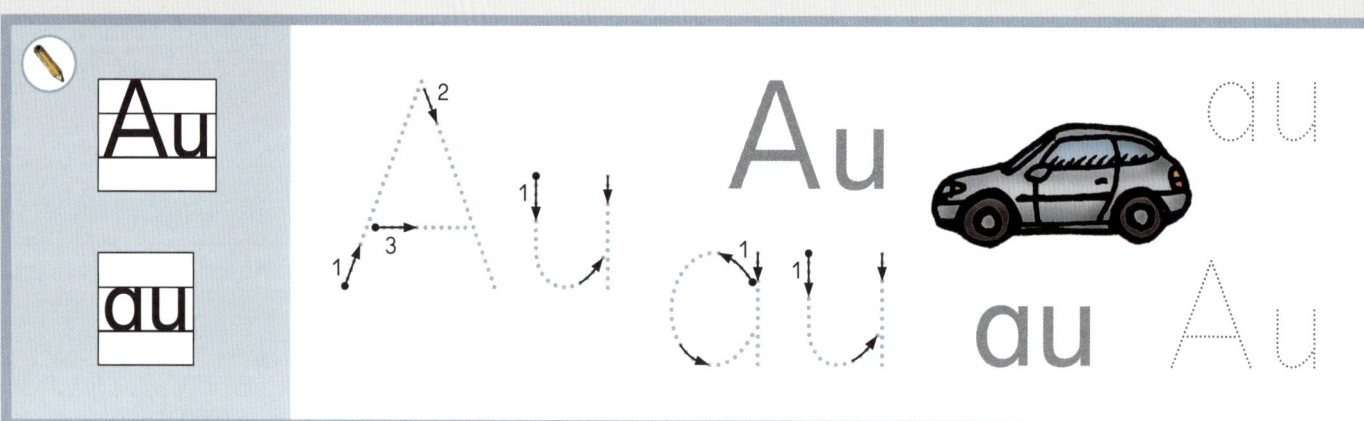

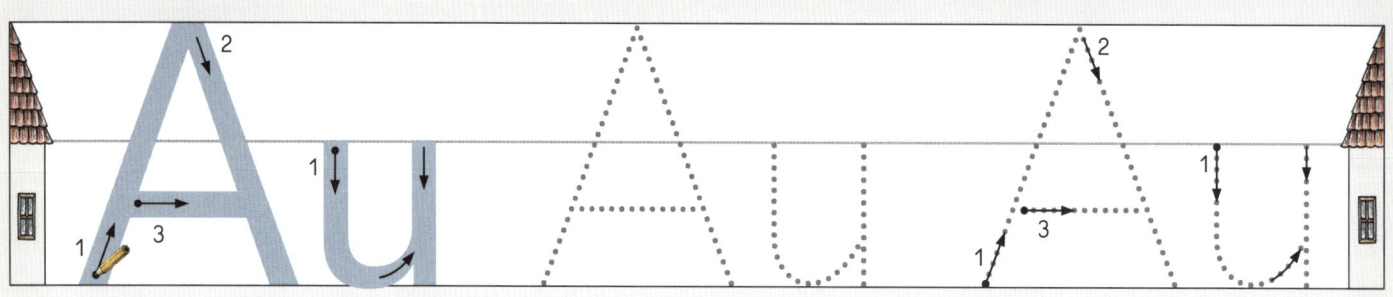

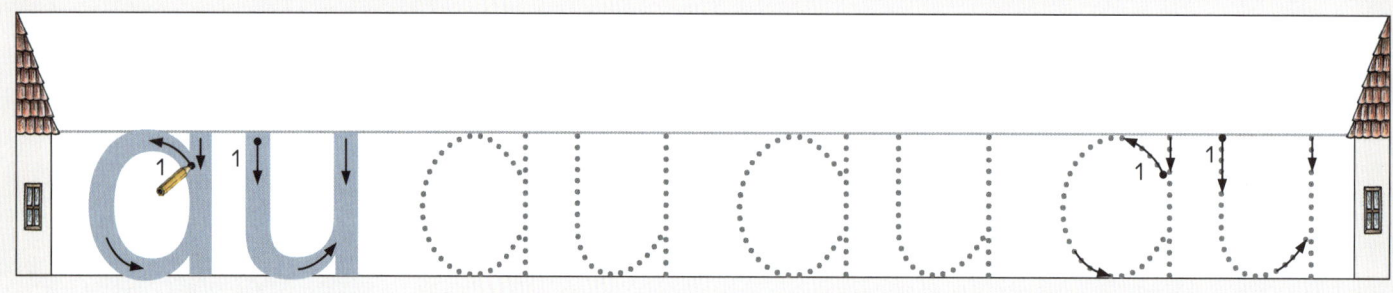

Au	St	ch	Eu	Ei	St	Sp	au	ei	Pf	pf	Sp	au	St	sp
Ch	au	ei	st	ch	ei	au	Ch	Pf	Sp	ch	Au	ei	Ch	ps
ei	st	Ch	Pf	st	au	ch	Au	Ei	St	ei	au	Ch	Pf	ch

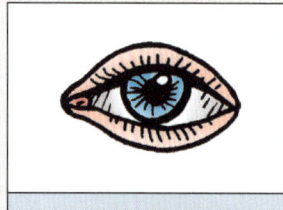

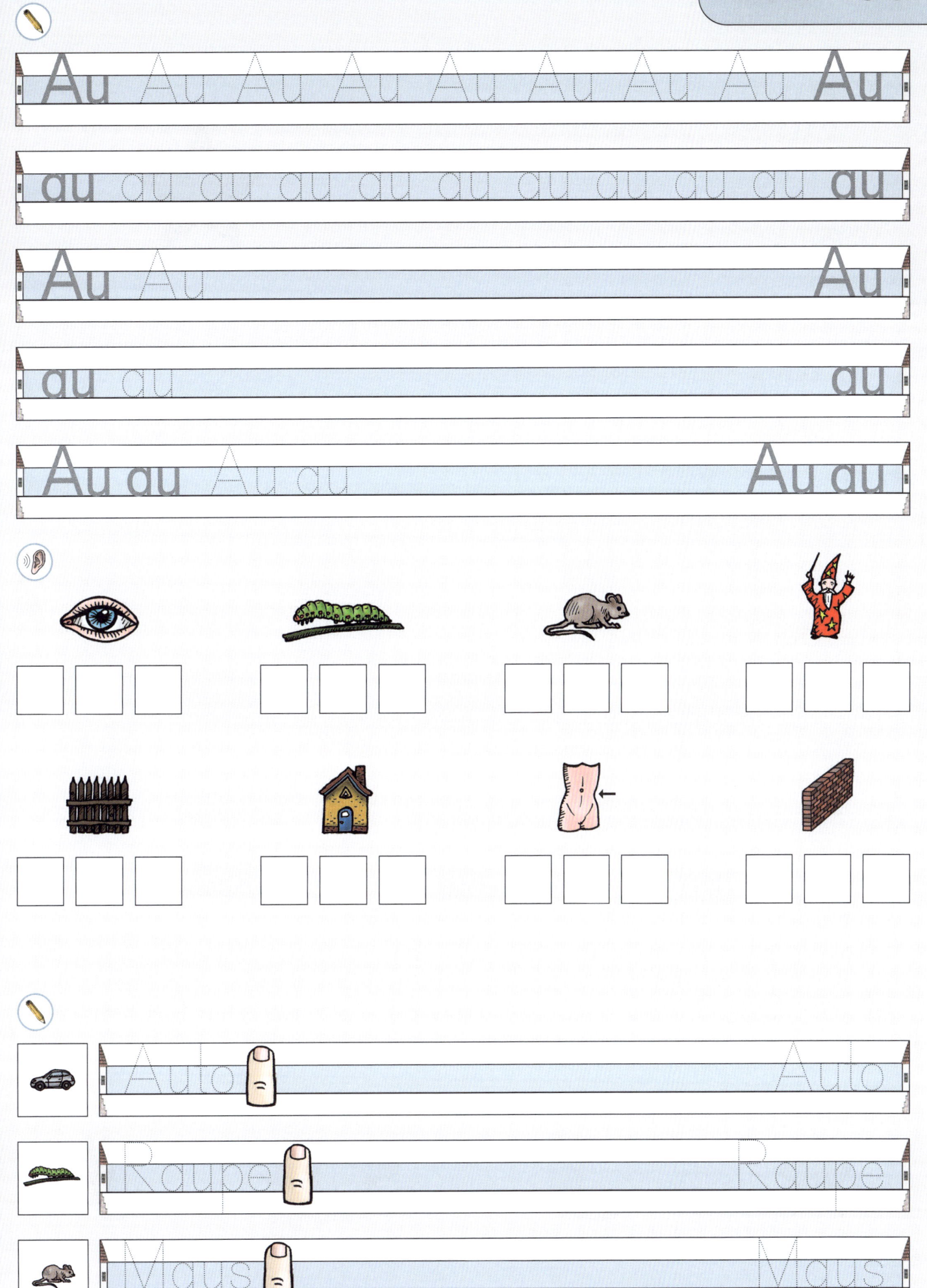

Au Au Au Au Au Au Au Au

au au au au au au au au au

Au Au Au

au au

Au au Au au Au au

Auto Auto

Raupe Raupe

Maus Maus

St st ⭐

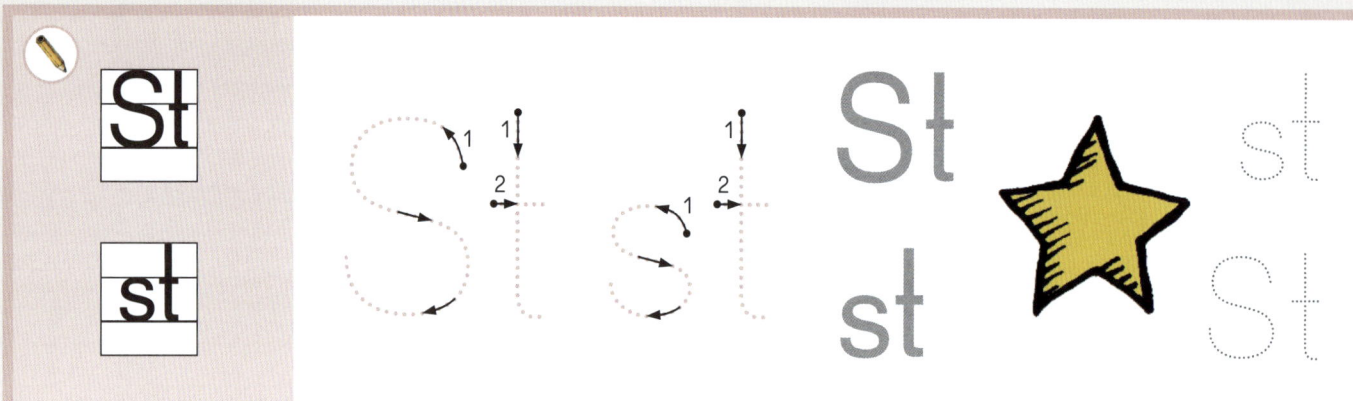

Au	St	ch	Eu	Ei	st	Sp	au	ei	Pf	pf	Sp	au	St	sp
Ch	au	ei	st	ch	ei	au	Ch	Pf	St	ch	Au	ei	Ch	St
ei	au	Ch	Pf	st	au	ch	Au	Ei	St	ei	au	Ch	Pf	Au

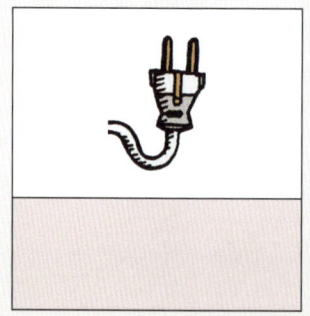

St St St St St St St St St St St St St St

st st st st st st st st st st st st st st

St St St

st st

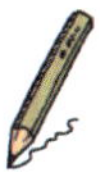

St st St st St st

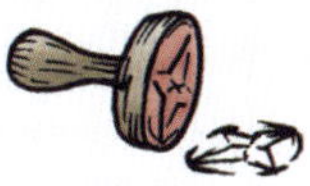

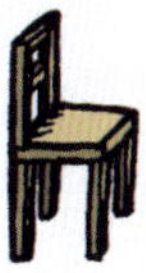

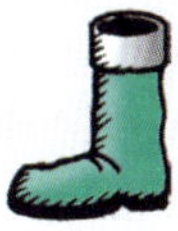

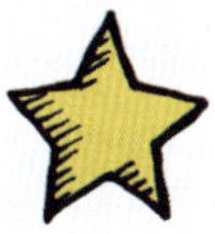

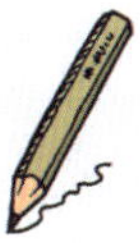

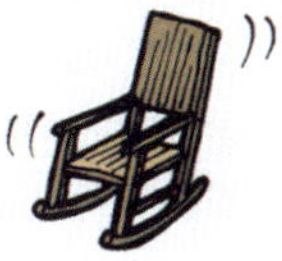

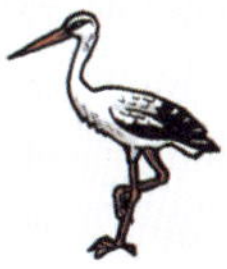

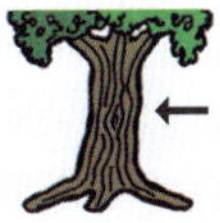

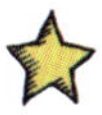

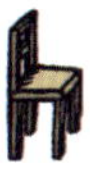

🖊

🖊

★ Stern

✏ Stift

🪑 Stuhl

Gg

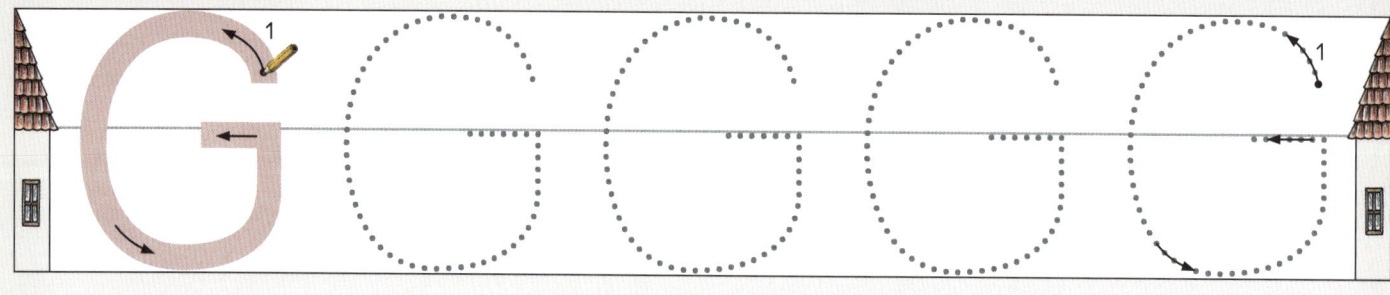

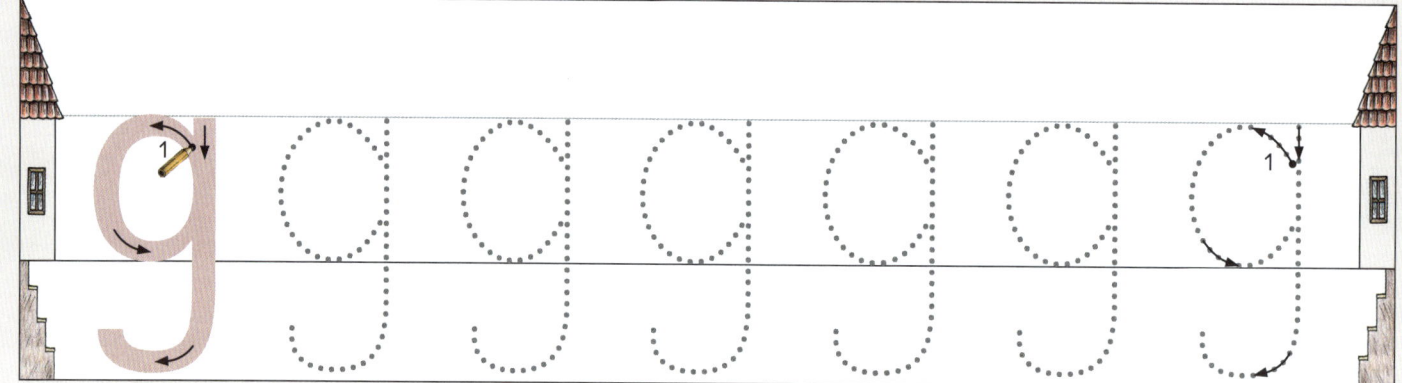

E	f	P	l	G	l	p	Ü	M	K	p	g	b	g	U
A	w	g	u	d	G	ö	e	B	g	D	Ö	m	C	p
T	G	s	P	p	x	B	m	G	R	e	p	L	z	g

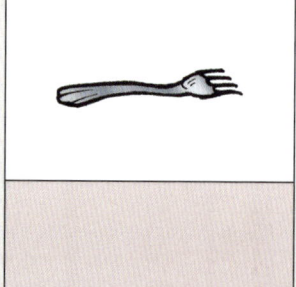

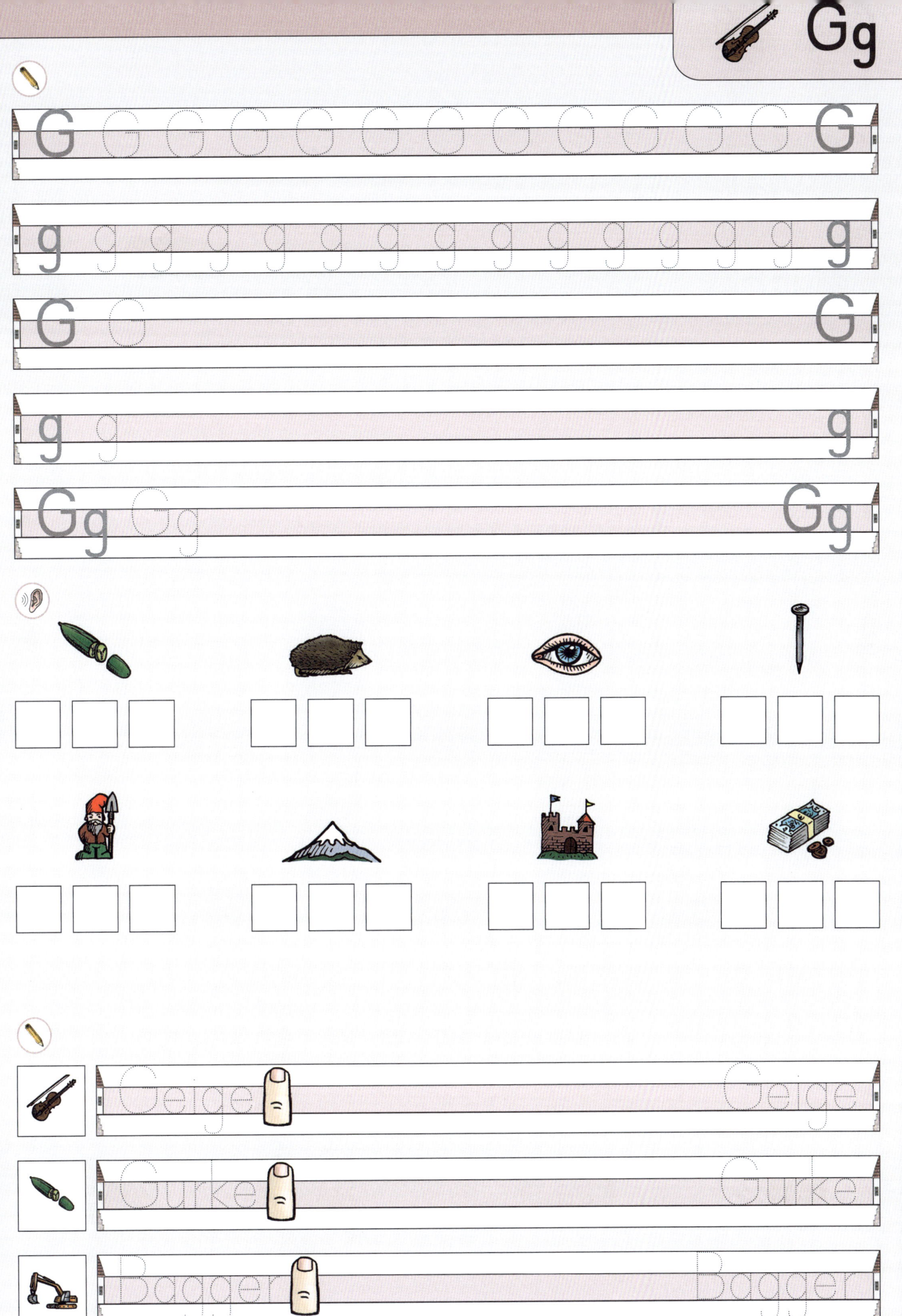

G g

49

Sch
sch

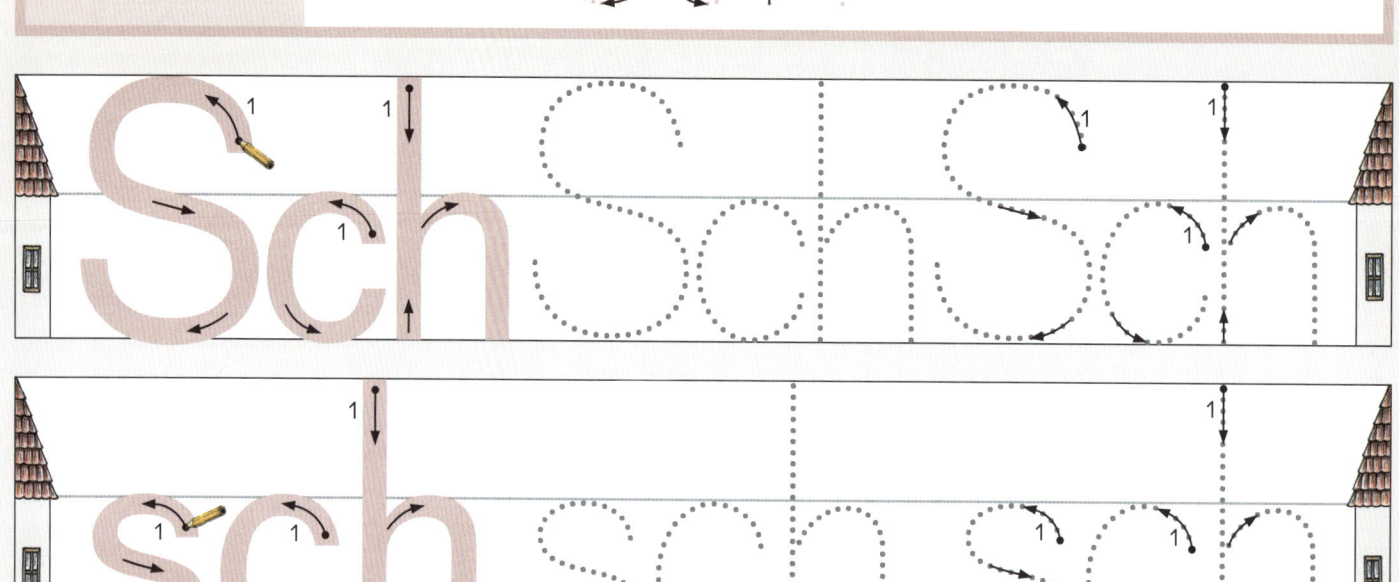

Au	sch	ch	Eu	Ei	st	Sp	au	ei	Pf	pf	sch	au	St	sp
Ch	au	ei	st	sch	ei	au	Ch	Pf	St	sch	Au	ei	Ch	Sch
ei	au	sch	Pf	st	au	sch	Sch	Ei	St	ei	au	sch	Pf	Au

Sch Sch Sch Sch Sch Sch Sch Sch

sch sch sch sch sch sch sch sch

Sch Sch Sch

sch sch sch

Sch sch Sch sch Sch sch

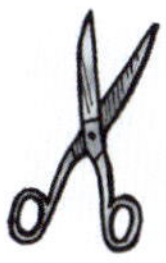

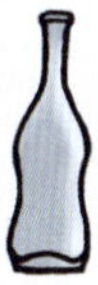

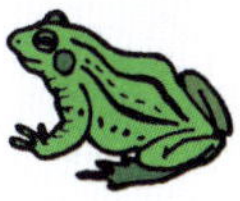

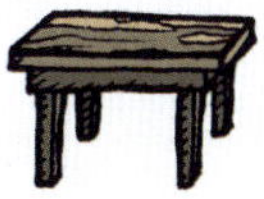

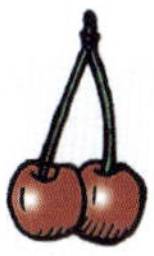

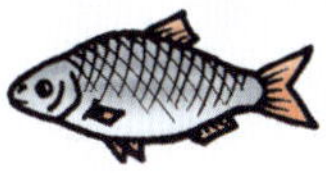

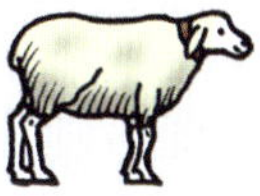

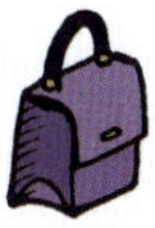

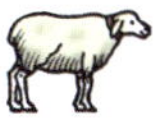

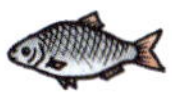

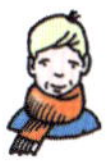

Schaf

Fisch

Schal

Sp

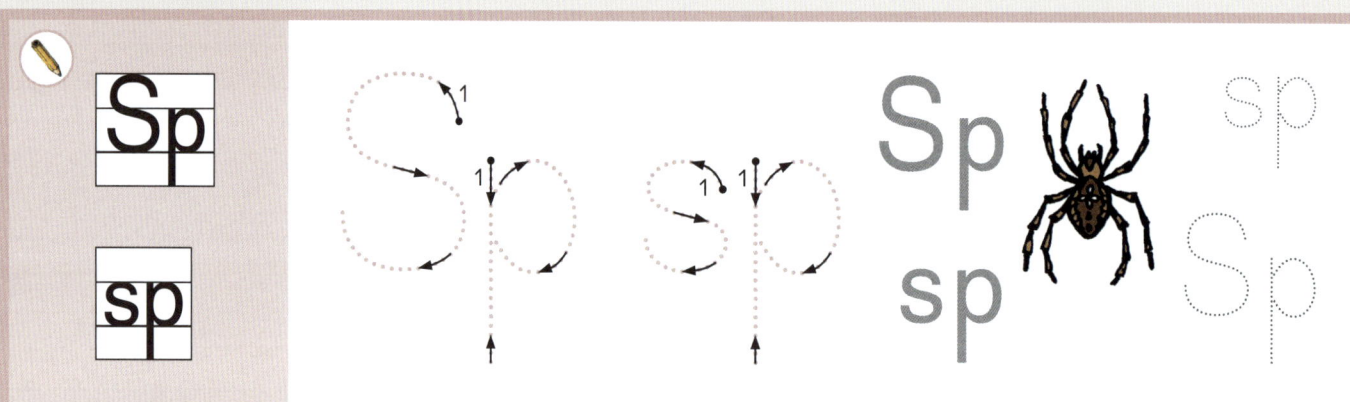

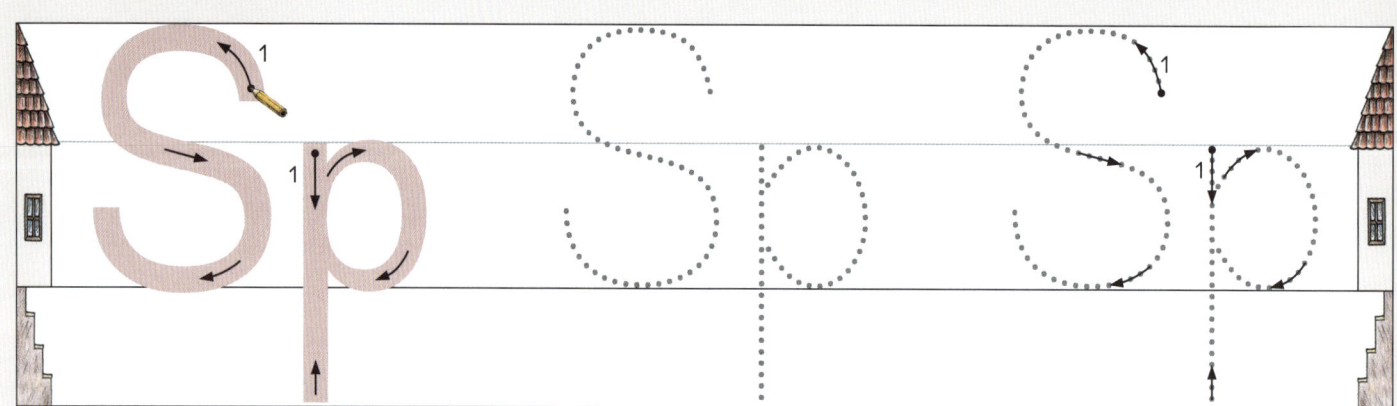

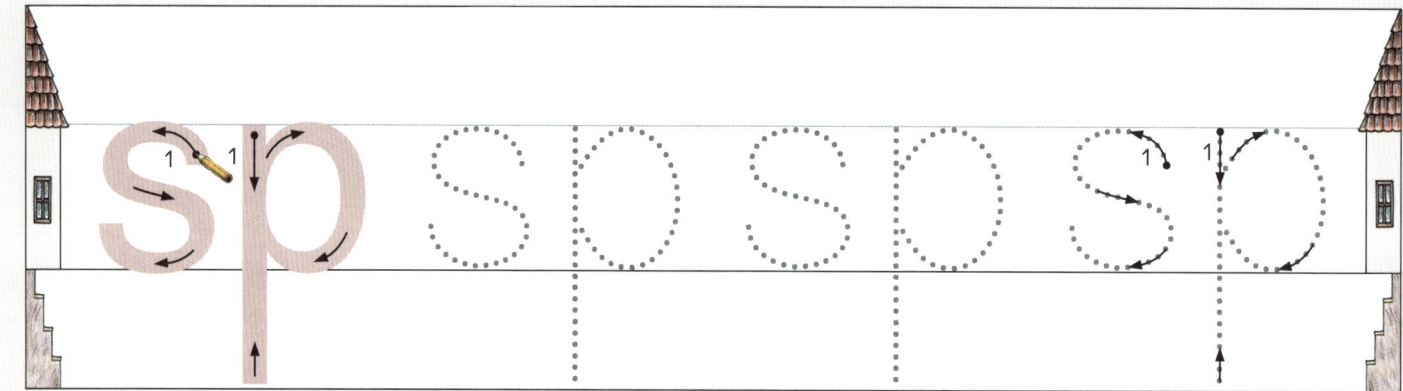

Au	Sp	ch	Eu	Ei	st	Sp	au	ei	Pf	pf	sch	au	St	sp
Ch	au	ei	sp	sch	ei	au	Ch	Pf	St	sp	Au	ei	Ch	Sp
sp	au	sch	Pf	st	au	sch	Sp	Ei	St	ei	au	sp	Pf	Au

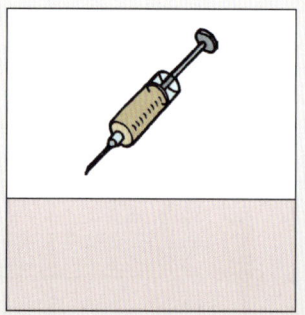

Sp Sp Sp Sp Sp Sp Sp Sp Sp Sp

sp sp sp sp sp sp sp sp sp sp

Sp Sp Sp

sp sp sp

Sp sp Sp sp Sp sp

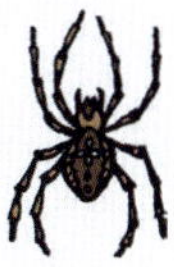

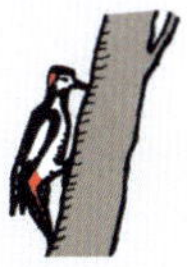

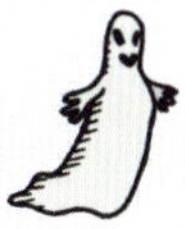

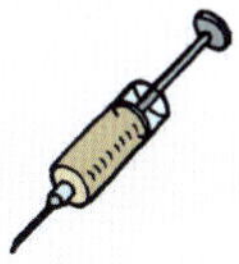

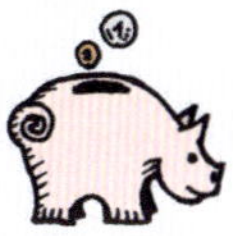

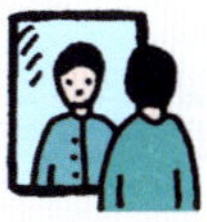

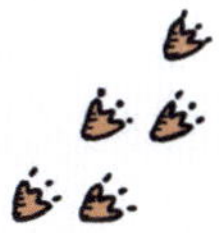

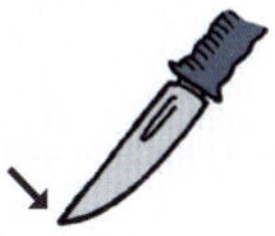

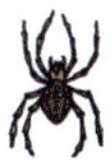

Spinne Spinne

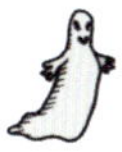

Gespenst Gespenst

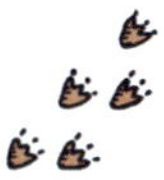

Spur Spur

Zz

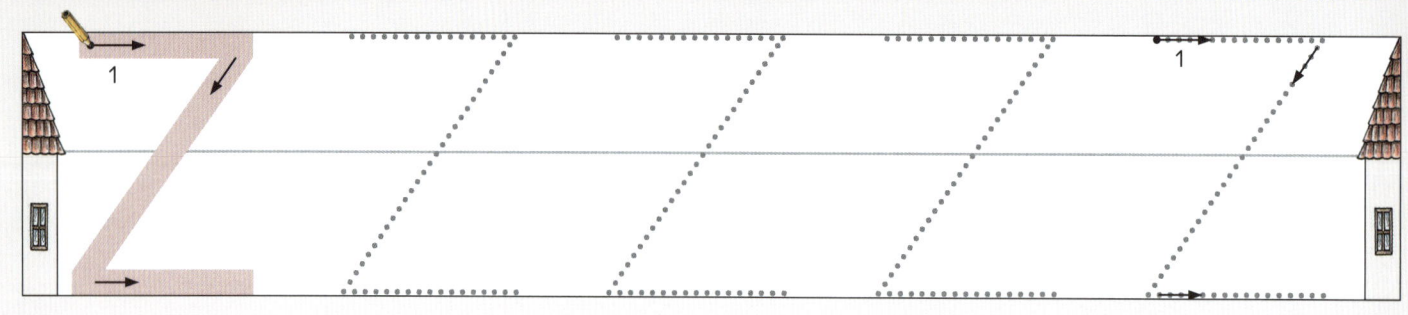

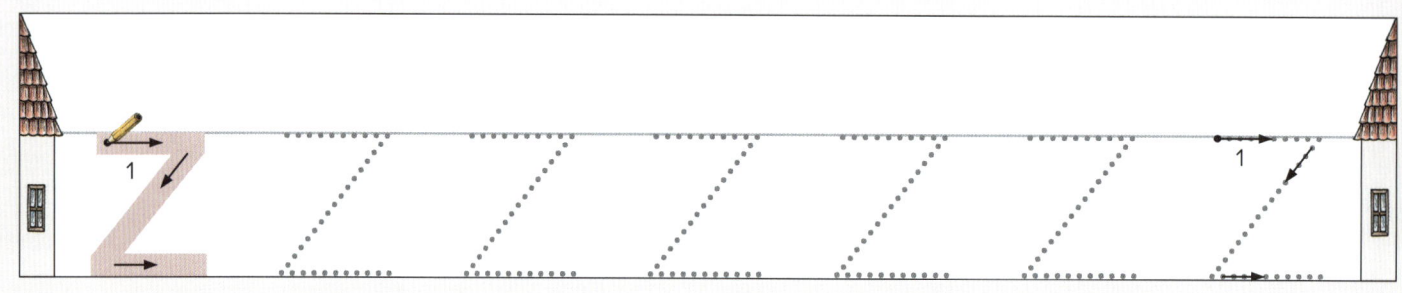

Z	M	P	z	m	l	p	Ü	z	K	p	l	b	L	U
A	w	m	L	z	P	ö	e	B	l	Z	l	m	z	p
l	M	s	P	z	x	Z	m	L	R	e	p	L	M	z

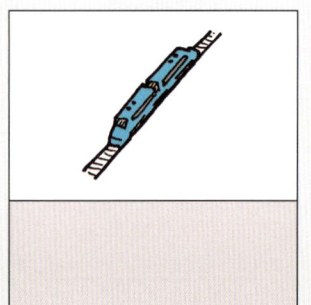

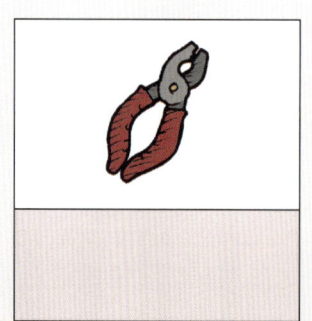

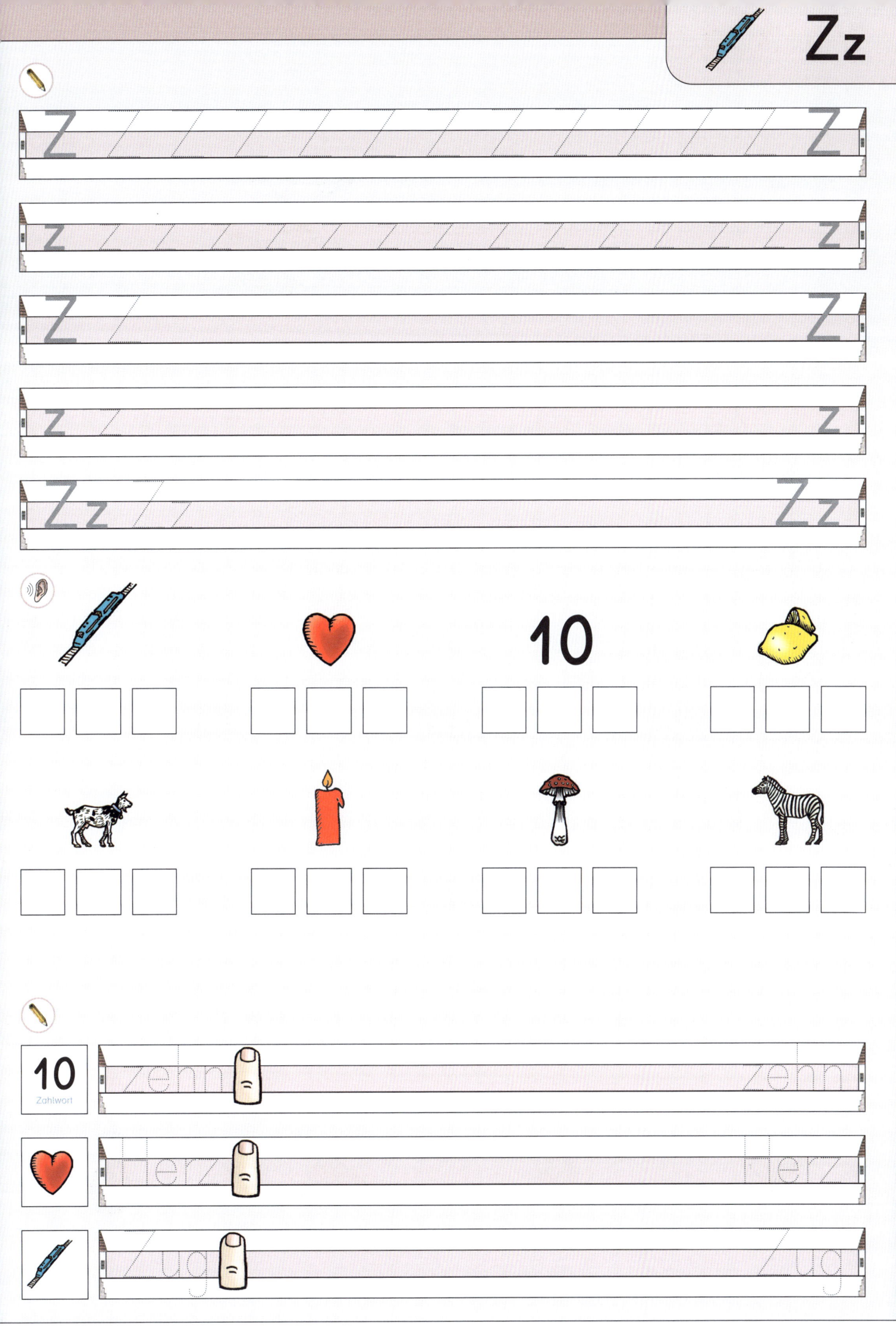

V v

V
v

V

V
V

V	M	P	l	m	V	p	Ü	v	K	p	u	b	M	v
A	w	v	u	d	P	ö	V	e	d	D	Ö	V	C	p
T	M	V	P	p	x	B	m	V	R	e	p	L	v	M

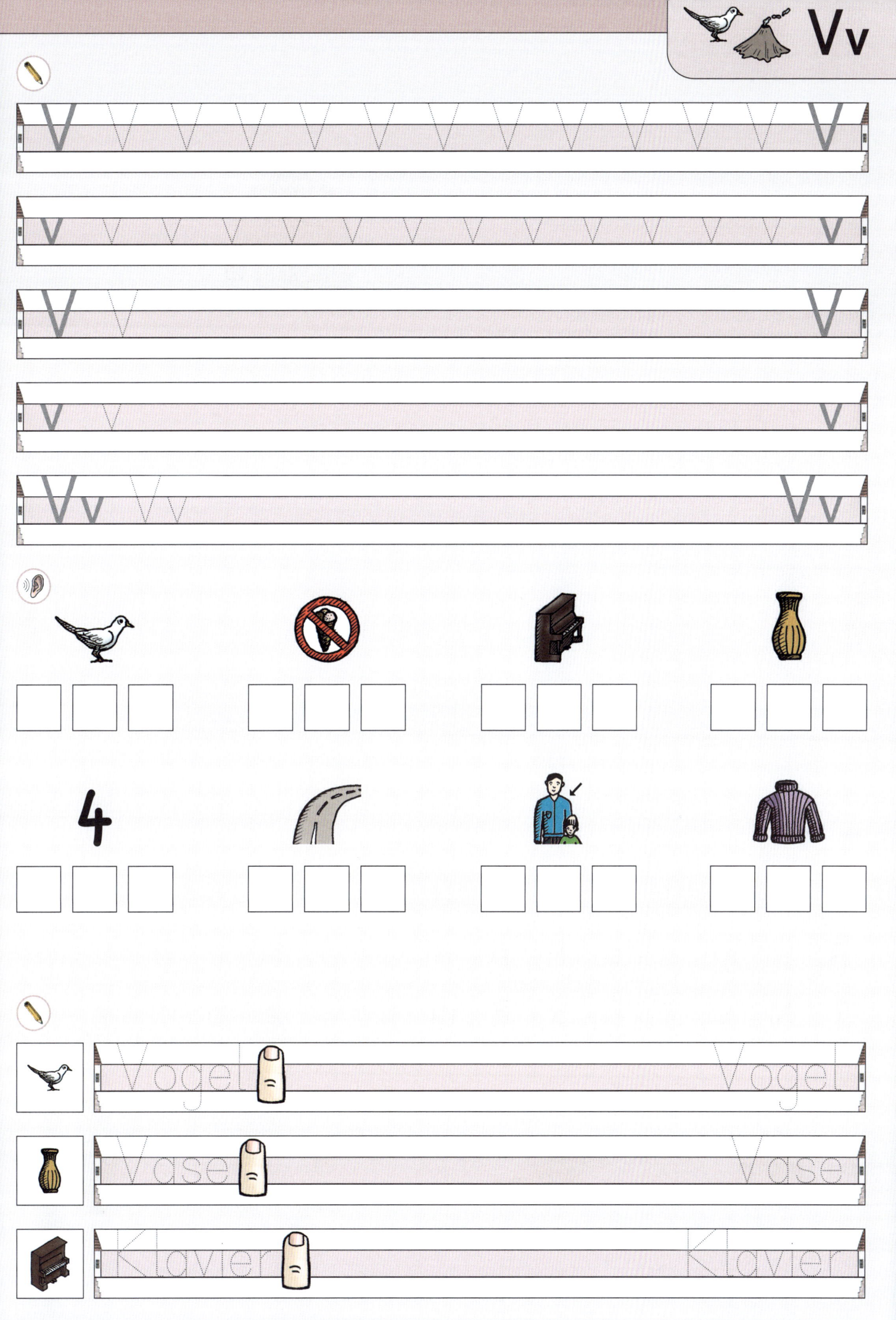

J j

J		

j		

J

j

L M P l j l p Ü M J p u b j U

A J m u d P ö e j d D J m Ö p

T M s j p x B m O J e p L z j

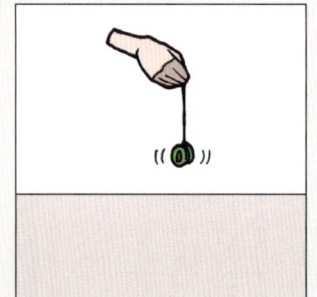

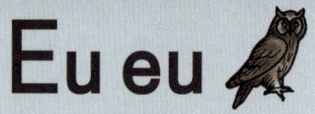
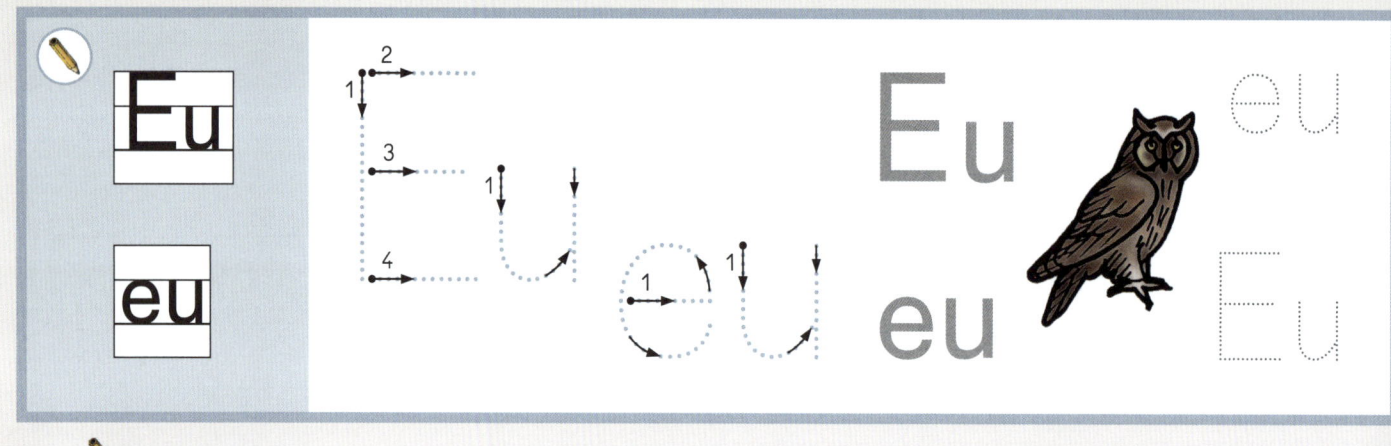

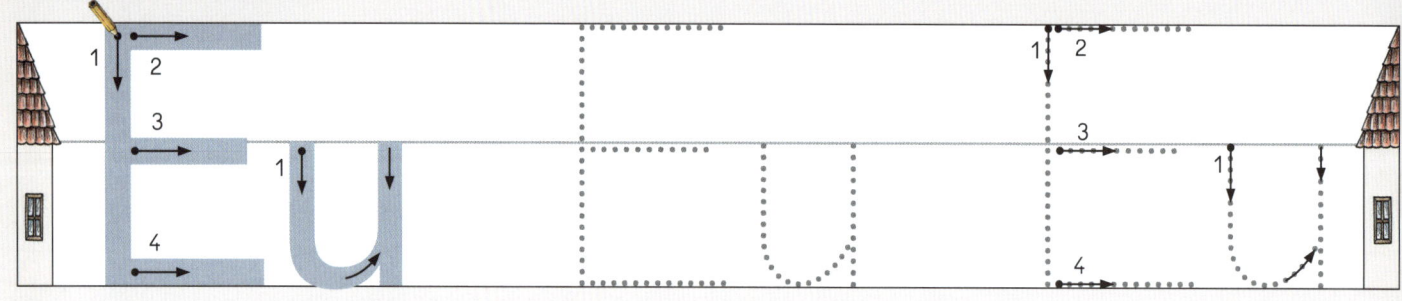

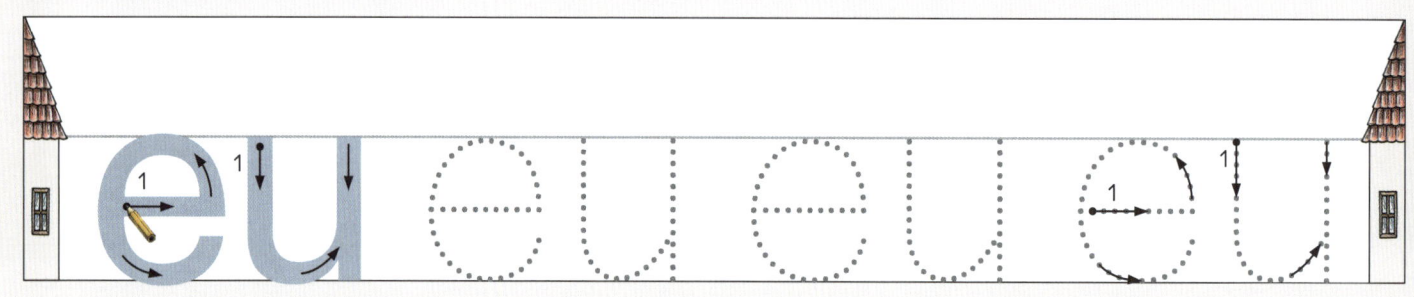

Au	Eu	ch	sp	Ei	st	Sp	au	eu	Pf	pf	sch	eu	St	sp
Ch	au	ei	Eu	sch	ei	eu	Ch	Pf	St	sp	Au	ei	Ch	eu
sp	au	eu	Pf	st	au	sch	Eu	Ei	St	ei	eu	sp	Pf	Au

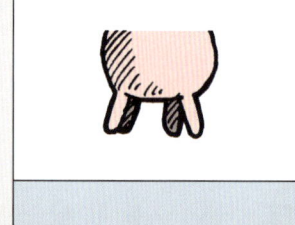

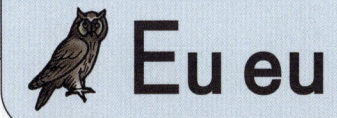

Eu eu

Eu Eu Eu Eu Eu Eu Eu Eu Eu Eu

eu eu eu eu eu eu eu eu eu eu eu

Eu Eu Eu

eu eu eu

Eu eu Eu eu Eu eu

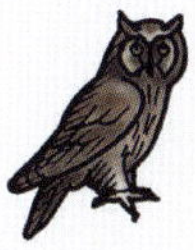 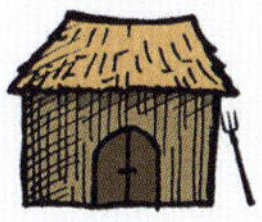 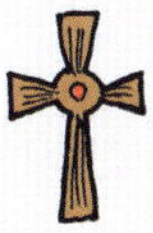 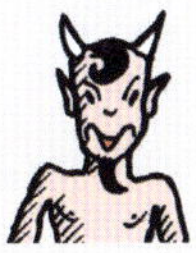

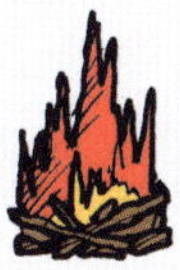 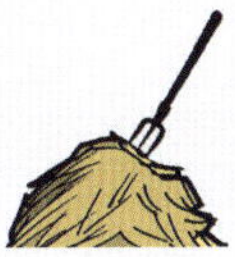 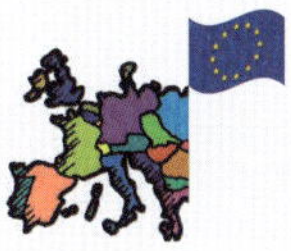 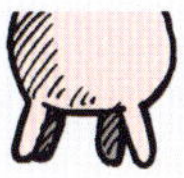

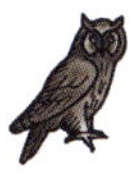 Eule Eule

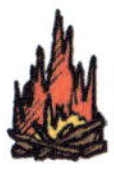 Feuer Feuer

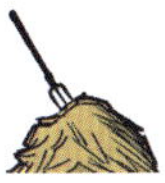 Heu Heu

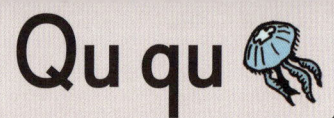

Qu qu

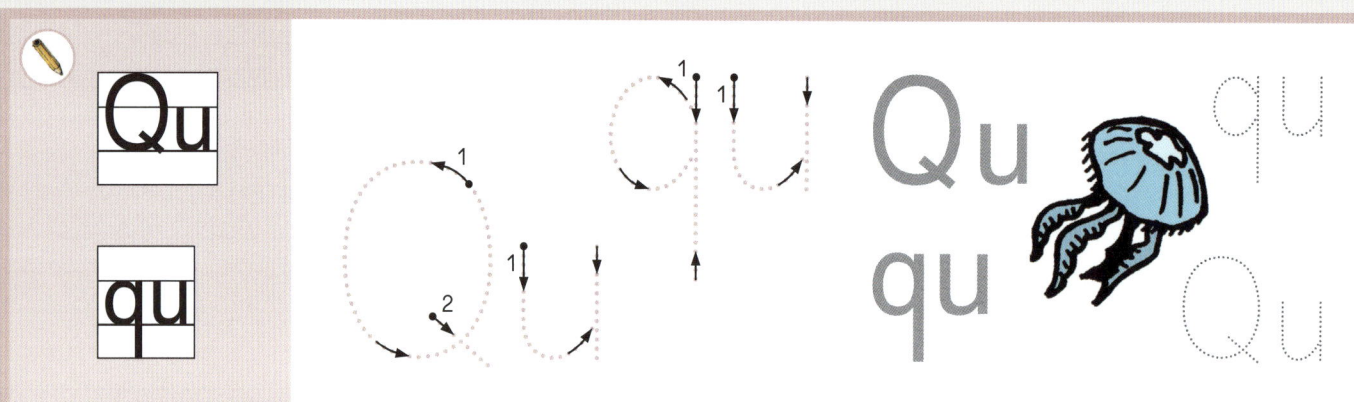

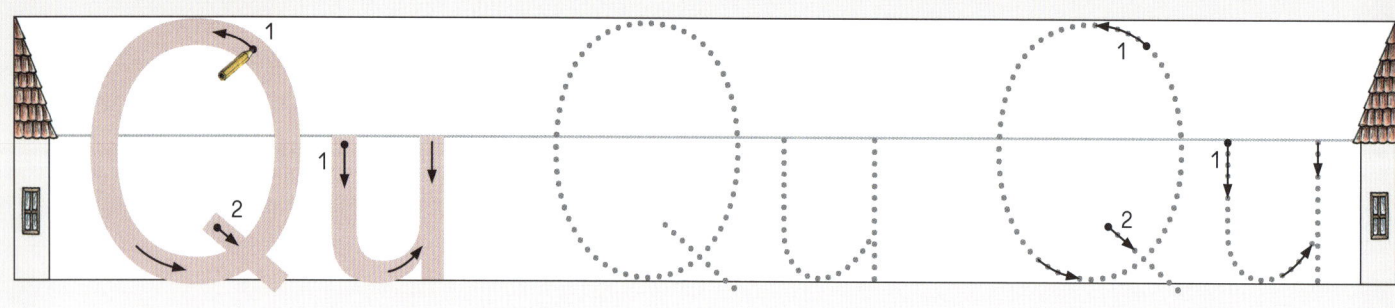

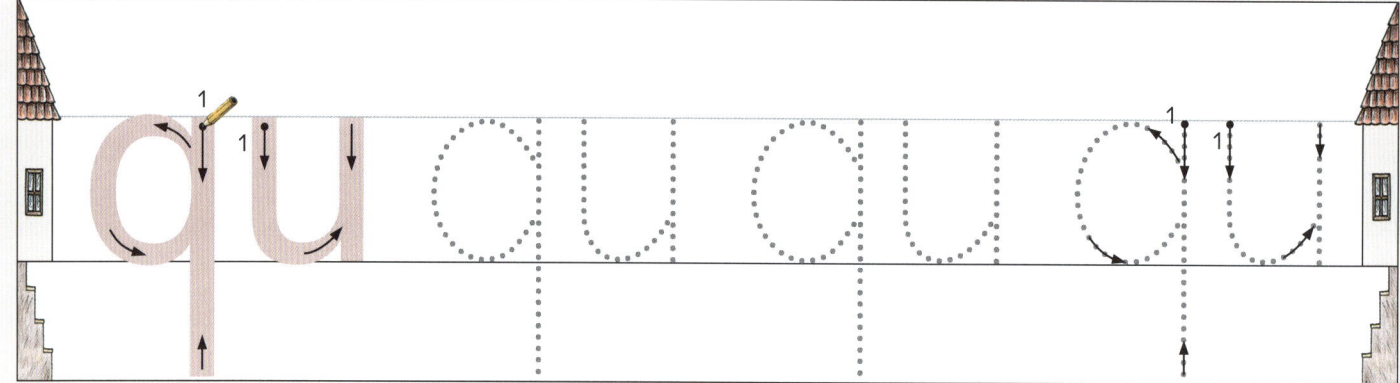

Au	qu	ch	sp	Ei	st	Sp	qu	eu	Pf	pf	sch	Qu	St	sp
Ch	au	qu	Eu	sch	ei	eu	Ch	Qu	St	sp	Au	ei	qu	eu
sp	qu	eu	Pf	st	qu	sch	eu	Ei	St	Qu	eu	sp	Pf	Au

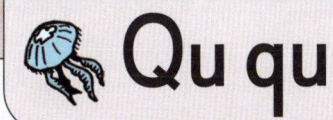

Qu qu

Qu Qu Qu Qu Qu Qu Qu Qu Qu

qu qu qu qu qu qu qu qu qu qu qu

Qu Qu Qu

qu qu qu

Qu qu Qu qu Qu qu

 Qualle Qualle

 Qualm Qualm

 Quirl Quirl

 Quartett Quartett

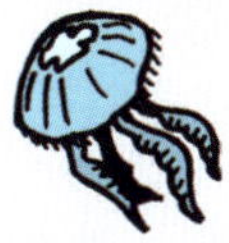

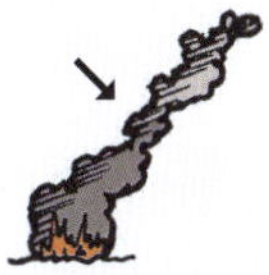

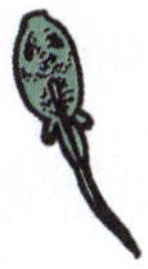

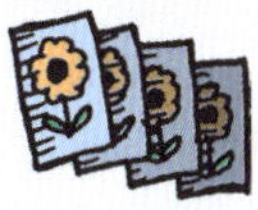

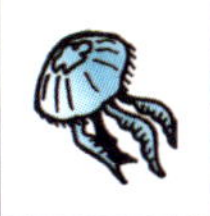

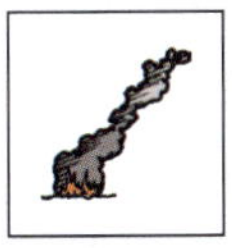

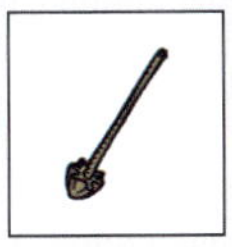

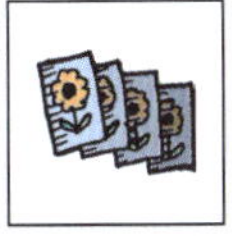

Pf pf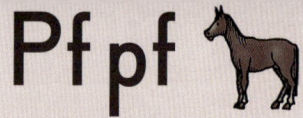

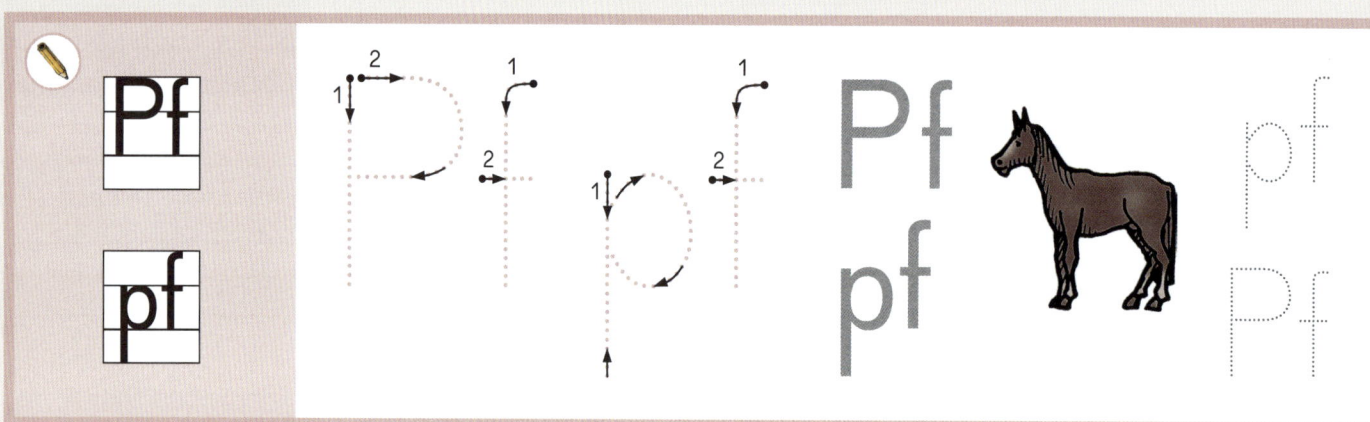

Pf

pf

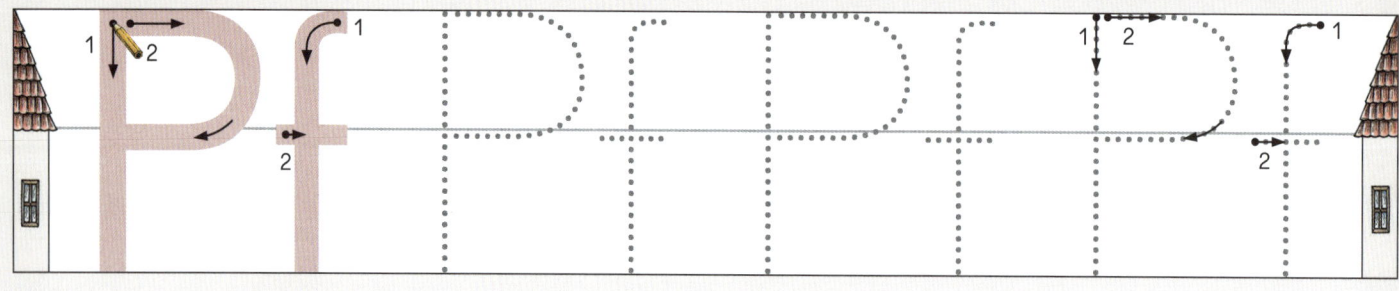

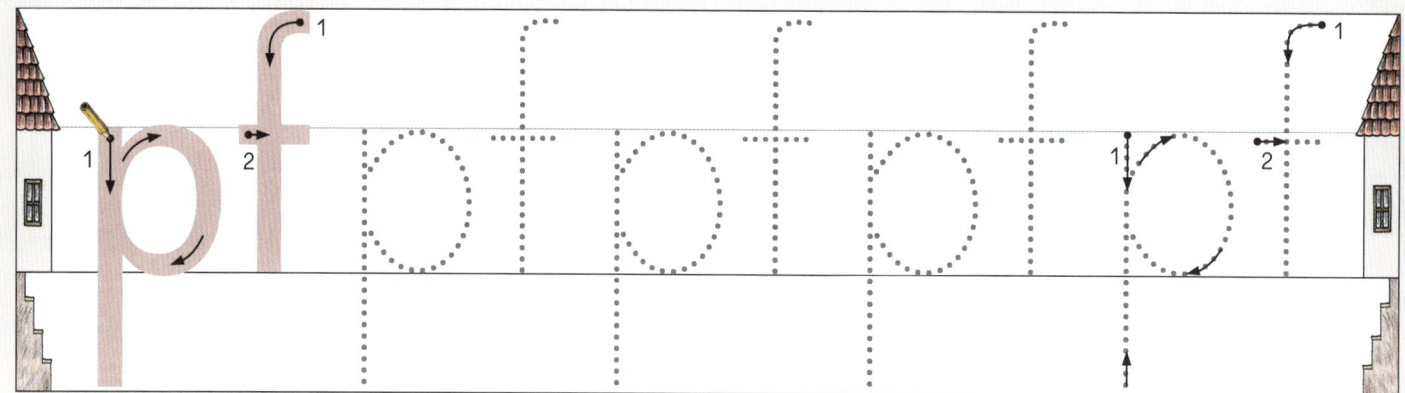

Au	pf	ch	sp	Ei	st	Pf	qu	eu	Pf	pf	sch	Qu	St	sp
Ch	au	pf	Eu	sch	ei	eu	Pf	Qu	St	sp	Au	ei	qu	pf
sp	qu	eu	Pf	sp	qu	sch	eu	Ei	pf	Qu	eu	sp	Pf	Au

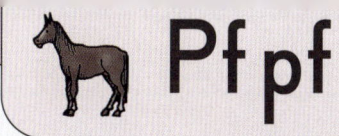

Pf pf

Pf Pf Pf Pf Pf Pf Pf Pf Pf Pf Pf

pf pf pf pf pf pf pf pf pf pf pf pf pf

Pf Pf Pf

pf pf pf

Pf pf Pf pf Pf pf

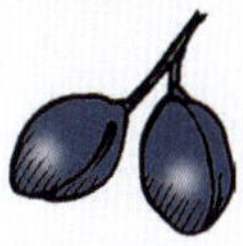

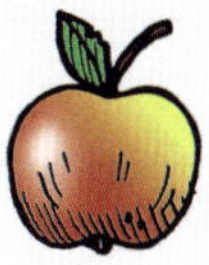

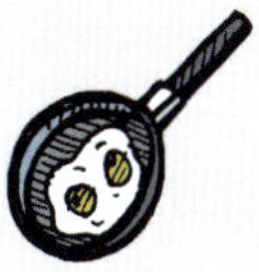

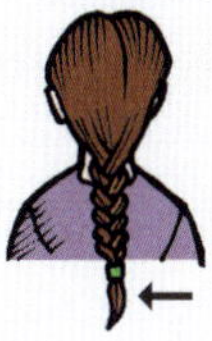

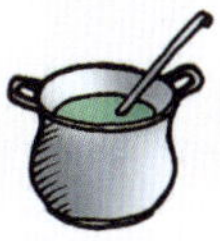

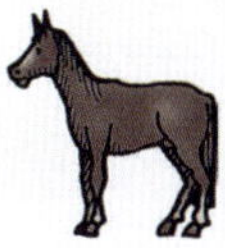

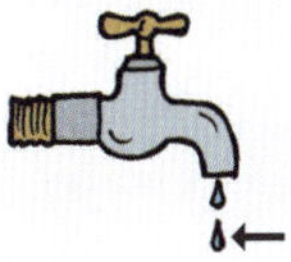

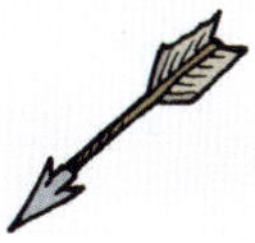

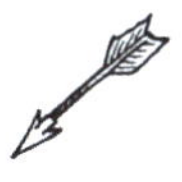
Pfeil Pfeil

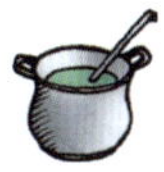
Topf Topf

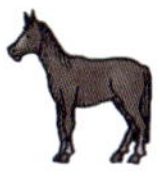
Pferd Pferd

Cc

C
c

C
C
c

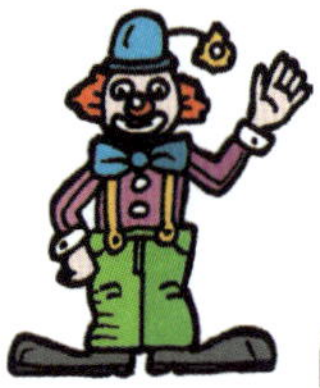

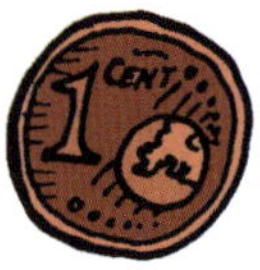

C C C C C C C C C C C C C C

c c c c c c c c c c c c c c c

Cc Cc   Cc

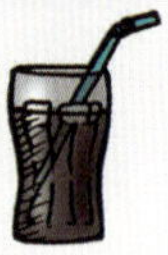

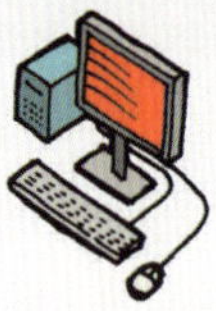

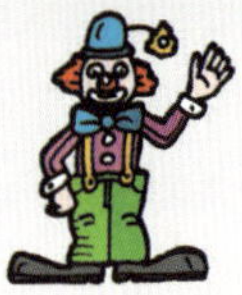

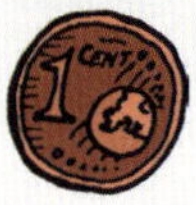

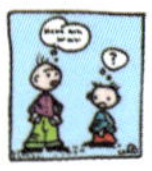

Comic   Comic

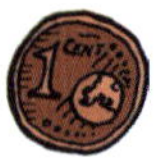

Cent   Cent

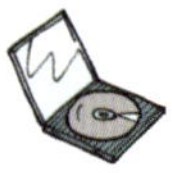

CD   CD

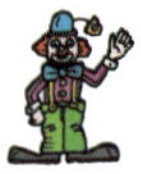

Clown   Clown

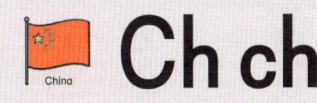

Ch

ch

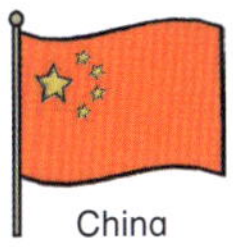

Ch 8 ch

ch China

Ch ch Ch ch

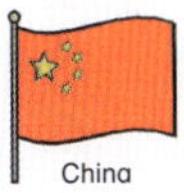

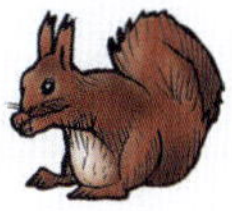

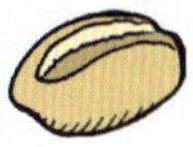

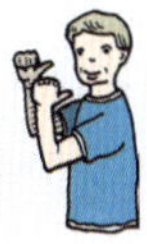

Ch ch

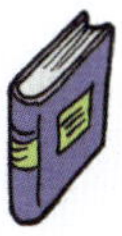

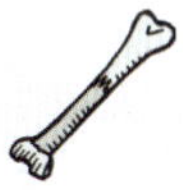

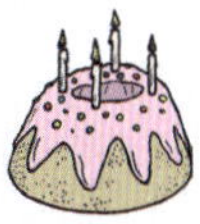

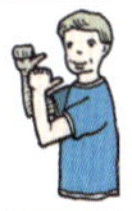

China

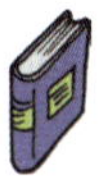

Ää

Ä
ä

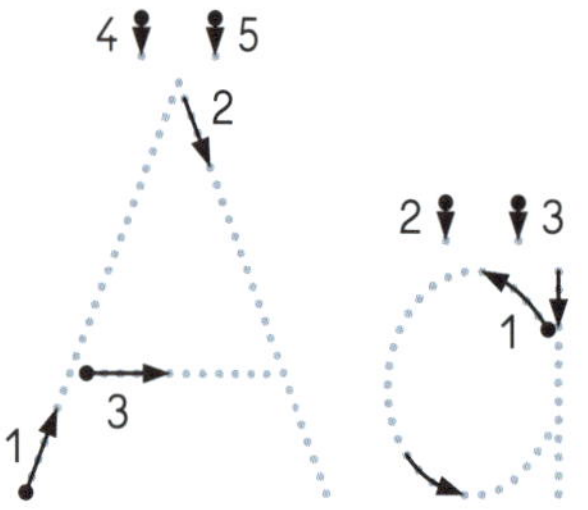

4 5
2
2 3
1
1 3
1

Ä 
ä

Ä Ä Ä Ä Ä Ä Ä Ä Ä Ä Ä Ä Ä Ä Ä Ä

ä ä ä ä ä ä ä ä ä ä ä ä ä ä ä ä

Ää Ää Ää

Apfel Apfel Rad  Räder

Kamm Kamme Ball  Bälle

Käse Käse

Bär Bär

Säge Säge

Ö
ö

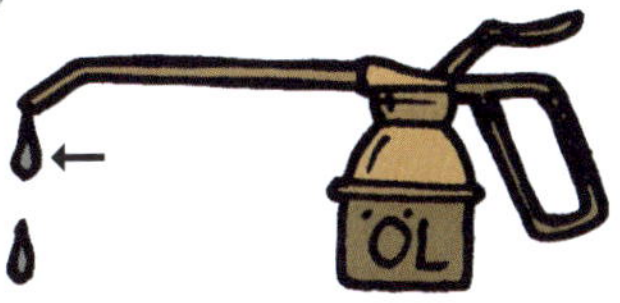

2 3 1
2 3 1

Ö
ö

Topf
Töpfe
Ofen
Öfen

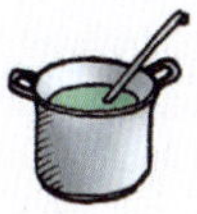

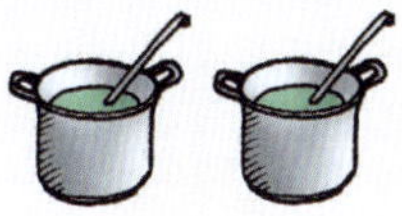

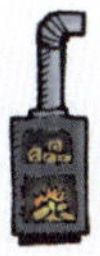

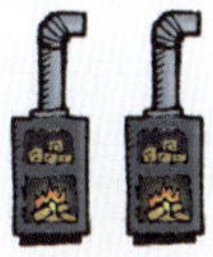

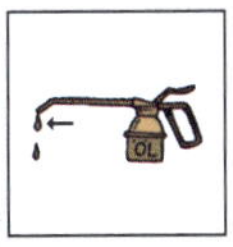

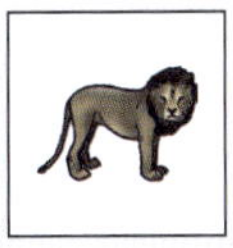

Öl
Löwe
Löffel
Flöte

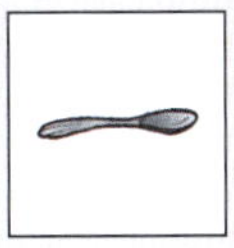

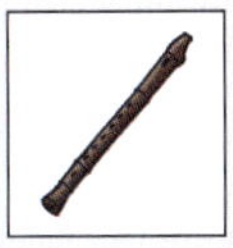

Üü

Ü

ü

1 2 3

Ü ü

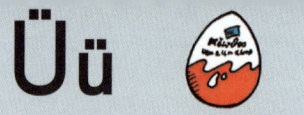

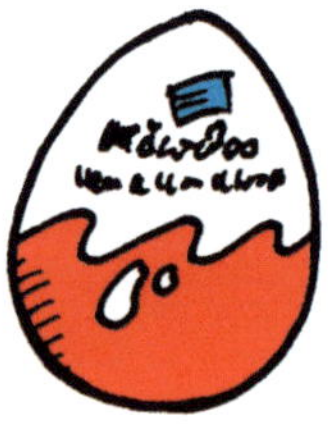

Ü Ü Ü Ü Ü Ü Ü Ü Ü Ü Ü Ü Ü

ü ü ü ü ü ü ü ü ü ü ü ü ü ü ü ü

Üü Üü Üü

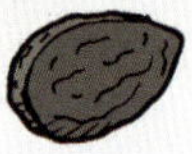

Nuss

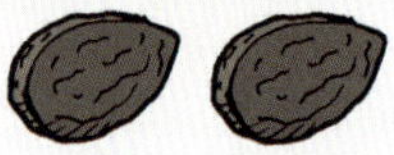

Nüsse

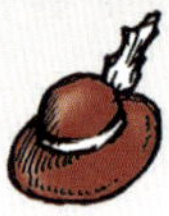

Hut

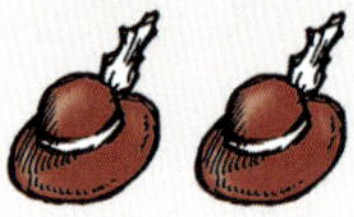

Hüte

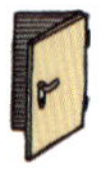

Tür Tür

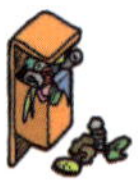

Müll Müll

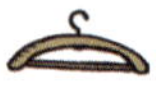

Bügel Bügel

5

Zahlwort

fünf fünf

X X

X X

1 → ← 2

1 → ← 2

X X

X X X

X X X

X X

Hexe   Hexe

Axt   Axt

Taxi   Taxi

-ie

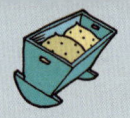

-ie

2
1

1

ie

ie

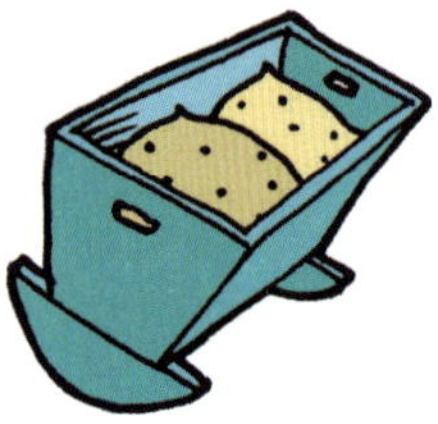

ie ie ie ie

ie ie ie ie ie ie ie ie ie ie ie ie ie

ie ie ie

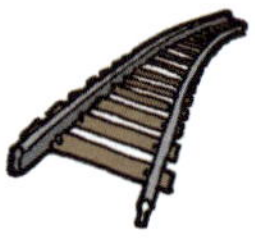

4

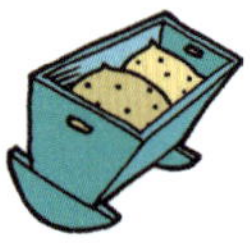

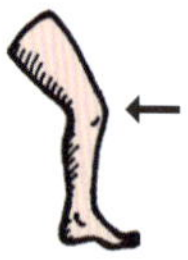

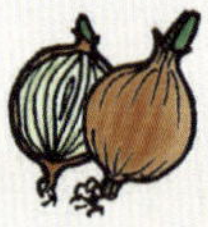

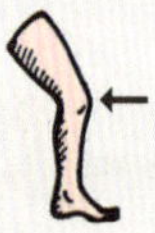

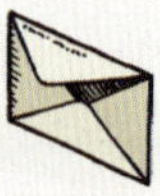

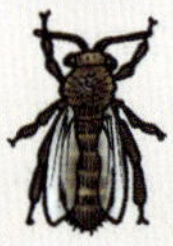

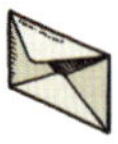

Brief Brief

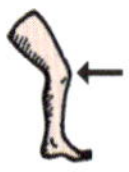

Knie Knie

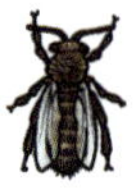

Biene Biene

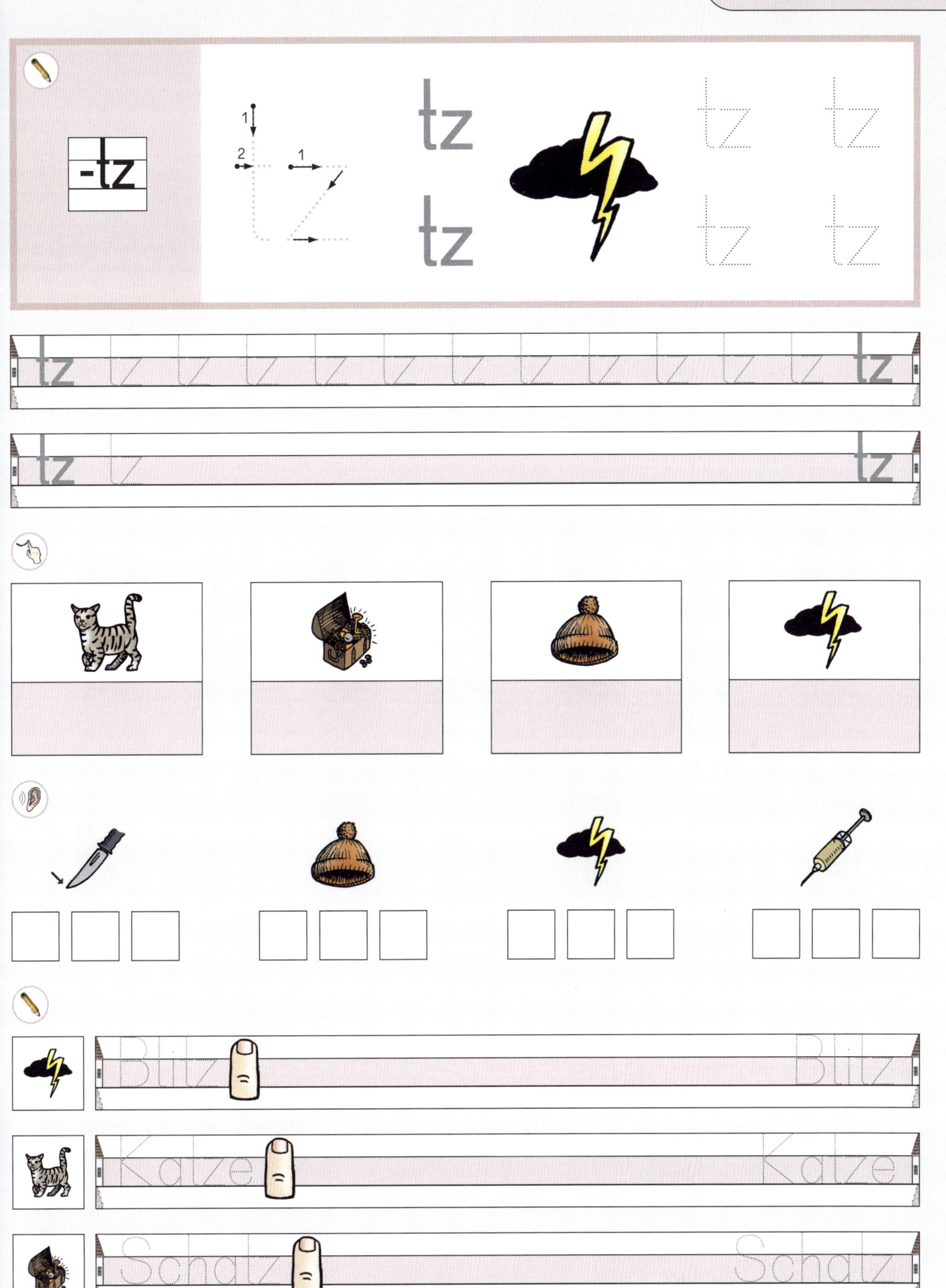

-ck

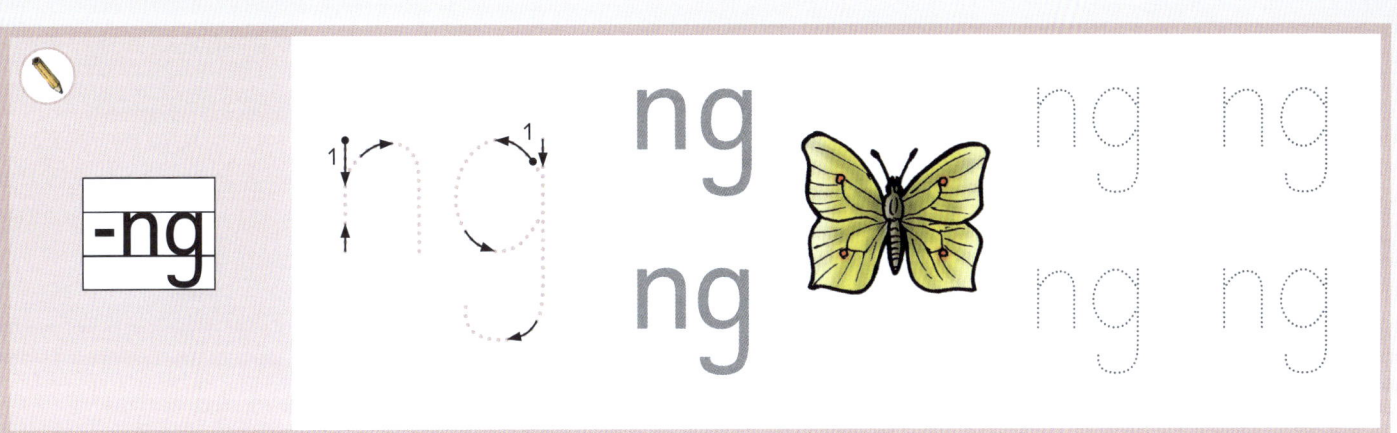

-ng

ng

ng ng

ng ng

ng ng

ng ng ng ng ng ng ng ng ng ng ng

ng ng ng

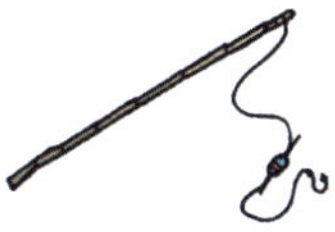

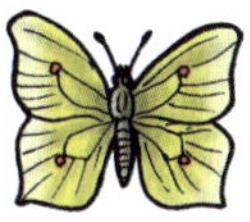

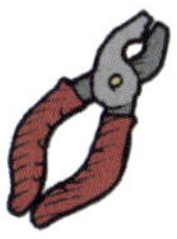

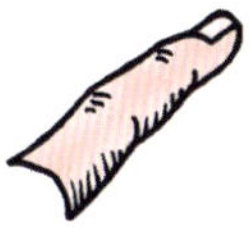

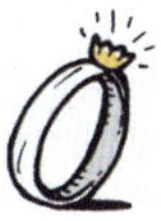

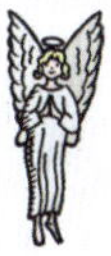

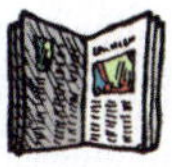

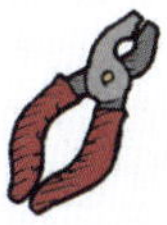

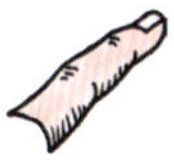 Finger Finger

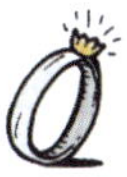 Ring Ring

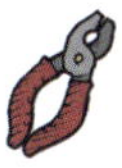 Zange Zange

ß ß

ß ß ß ß
ß ß

ß ß ß ß ß ß ß ß ß ß ß ß ß ß ß ß

ß ß ß

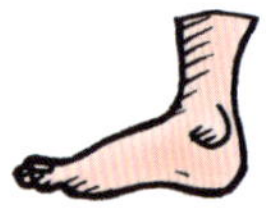

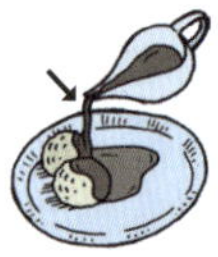

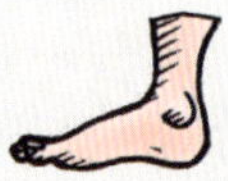

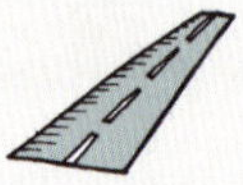

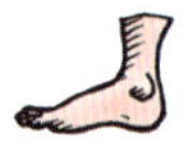

Fuß

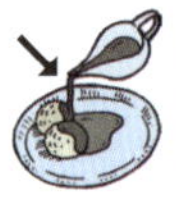

Soße

Floß

Y

y

1 2

1 2

Y

y

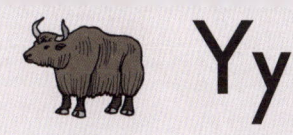

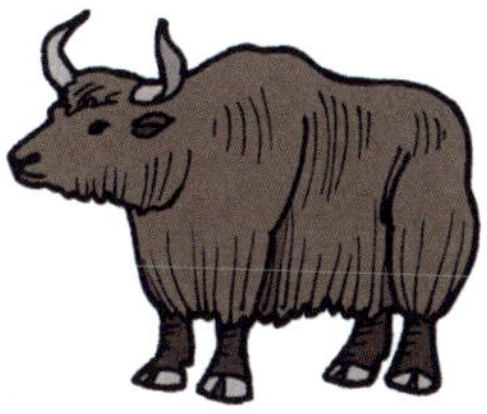

Y y

y Y

Y Y Y Y Y Y Y Y Y Y Y Y Y Y

y y y y y y y y y y y y y y y

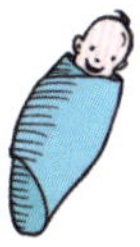

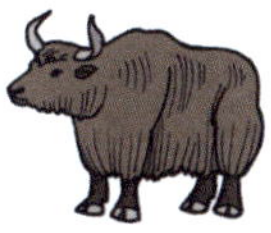

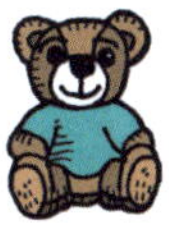

Y

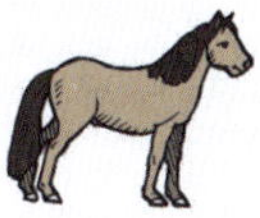

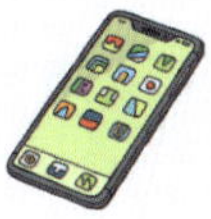

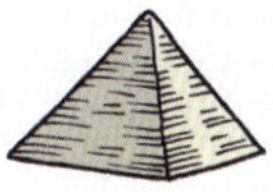

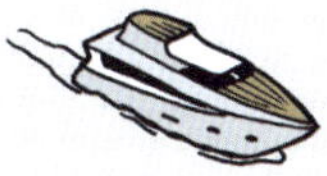

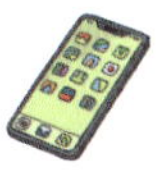 Handy Handy

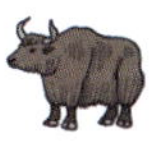 Yak Yak

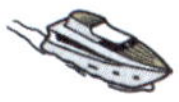 Yacht Yacht

der Wal

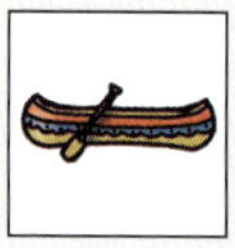

78

Bär   Reh   Schaf   Huhn   Fuchs

Hase   Wolf   Maus   Katze   Hahn   Ente

Elch   Igel   Ziege   Hund   Dachs

der Dachs

Pilz   Palme   Mais   Gras   Apfel

Farn   Tanne   Eiche   Moos   Kiwi   Rose

Kirsche   Birne   Tulpe   Birke   Banane

das Gras

die Sina Blumen gießt

Sina gießt die Blumen

Ole den Baum auf klettert

an Blume Sina einer riecht

singt Ole Chor im

Tafel der rechnet Sina an

Ole Sandkasten im spielt

 Ordne die Wörter zu einem Satz!

 Pausenbrot ihr isst Sina

 Ole Rolle eine macht

 liest Sina in Buch einem

 Heft sein Ole in schreibt

 Sina Regen im steht

 in badet der Ole Wanne